J. A. Wagner

Monographie der fossilen Fische aus den Schiefern Bayerns

Zweite Ordnung

J. A. Wagner

Monographie der fossilen Fische aus den Schiefern Bayerns
Zweite Ordnung

ISBN/EAN: 9783743378148

Hergestellt in Europa, USA, Kanada, Australien, Japan

Cover: Foto ©Andreas Hilbeck / pixelio.de

Manufactured and distributed by brebook publishing software (www.brebook.com)

J. A. Wagner

Monographie der fossilen Fische aus den Schiefern Bayerns

Monographie der fossilen Fische aus den lithographischen Schiefern Bayern's,

bearbeitet

von

Dr. A. Wagner.

Zweite Abtheilung.

Zweite Ordnung.
Ganoidei.

II. Familie.
STYLODONTES. GRIFFELZAEHNER.

Leibesform flach, rhombisch oder doch bauchig oval, Rumpf von Reifen umgeben oder nicht; Rücken- und Afterflosse sehr lang, bis zur Schwanzflosse reichend; der Unterkiefer einfach, ohne Vorkiefer; die Zähne mehrreihig, die des Aussenrandes alle gleichartig, griffelförmig, am obern Ende zugespitzt, seltener abgerundet; die Flossen (wenigstens die Schwanzflosse) mit Schindeln besetzt; Rückensaite weich und ungegliedert.

Aus der weitschichtigen Familie, wie sie *Agassiz* unter dem Namen der Lepidoiden zusammenfasste, habe ich neben einigen andern Umstellungen eine besondere Familie ausscheiden müssen, die ich als *Griffelzähner (Stylodontes)* bezeichnete und deren Eigenthümlichkeiten in vorstehender Charakteristik scharf hervorgehoben sind[1]. Obwohl den eigentlichen Lepidoiden nicht fremd stehend, haben sie doch noch eine nähere Verwandtschaft mit den Pycnodonten, so dass selbst zwei ihrer Gattungen von einigen neueren Palaeontologen unter letztere gerechnet wurden, womit ich jedoch nicht übereinstimmen kann. Im lithographischen Schiefer kommt nur die einzige Gattung *Heterostrophus* vor, die ich erst neuerdings aufgefunden habe.

V. Heterostrophus *Wagn.*

Auf ein Exemplar von Solenhofen, das einen sehr eigenthümlichen Habitus zeigt, habe ich eine neue Gattung *Heterostrophus* (ἕτερος, verschieden, στρόφος, *Gürtel*) begründet, die den Repräsentanten des liassischen Dapedius und Aechmodus *Egert.* im lithographischen Schiefer darstellt. Wie bei diesen Gattungen ist der Leib breit rhombisch und hochgewölbt und läuft hinter der Rückenflosse schnell in einen dünnen Schwanzstiel aus. In gleicher Weise bilden die Schuppenreihen in ihrem Verlaufe von oben nach unten einen Bogen, dessen Concavität nach vorn gerichtet ist, so dass also diese Reihen mit ihrem untern Ende, anfangs stärker, weiter hinterwärts schwächer, *vorwärts* gekehrt sind. Erst auf dem Schwanzstiele nehmen diese Schuppenreihen in ihrer

[1] Sehr ausführlich habe ich die neue Familie der Stylodonten in den Münchn. gel. Anzeig. Bd. L (Jahrg. 1860) S. 81 charakterisirt, worauf ich verweise. Ich will hier nur bemerklich machen, dass ich ihr die Gattungen *Platysomus*, *Pleurolepis* (Tetragonolepis Egert.), *Homoeolepis*, *Tetragonolepis Ag.* (Aechmodus Eg.), *Dapedius* und *Heterostrophus* zugewiesen habe. Es reicht also diese Familie vom Kohlengebirge an bis in den lithographischen Schiefer, vielleicht selbst noch bis in die Wealdenbildung hinein.

untern Hälfte die gewöhnliche Wendung nach hinten an, wie es auch bei Dapedius und Aechmodus der Fall ist. Mit letzterem stimmt ferner die Form der Schuppen und, soweit sie vorliegen, ebenfalls die der Zähne überein. Gleichwohl dürfen wir vorliegendes Exemplar nicht bei Aechmodus unterbringen, weil dagegen die äussere Beschaffenheit der Schädelplatten spricht. Während diese nämlich bei jener Gattung mit den höchst charakteristischen Wulstfalten oder doch mit Granulationen von Schmelz besetzt sind, fehlen diese bei Heterostrophus ganz und gar, indem sämmtliche Schädelplatten nebst den Kiemendeckeln glatt und ohne irgend einen Besatz sind. Ob in der Beschaffenheit der Rücken- und Afterflosse eine Uebereinstimmung oder Differenz beider Gattungen begründet ist, kann nicht gesagt werden, da beide Flossen nicht mehr vorhanden sind. Die beiden Lappen der Schwanzflosse sind weit auseinander gerissen, doch sieht man deutlich, dass der Aussenrand mit Schindeln besetzt ist.

Unter den Fischen des lithographischen Schiefers gibt es ausser dem Heterostrophus nur noch die Reiffische (Pycnodonten), bei welchen die vordern Schuppenreihen einen Bogen mit vorwärts gerichteter Concavität bilden und deren Körperform einen ähnlichen Umriss hat. Indess an eine Unterbringung des Heterostrophus bei dieser Familie darf doch nicht gedacht werden, weil ihm die Reife (Hautrippen) abgehen, das Gebiss verschiedenartig gebildet und die Schwanzflosse mit Schindeln besetzt ist. Er stellt eine Uebergangsform dar, durch welche innerhalb des Gebietes des lithographischen Schiefers die Pycnodonten mit den Lepidoiden in Verbindung gebracht werden.

1. H. latus *Wagn.*

Der Umstand, dass an diesem Exemplare der ganze Vordertheil des Schädels auseinander gerissen ist, hat wenigstens den grossen Vortheil gebracht, dass man über die Beschaffenheit der in der Mundhöhle liegenden Zähne, obwohl sie ebenfalls weit umher verstreut sind, genügende Auskunft erhält, wodurch man sich überzeugen kann, dass ihnen der Typus von Aechmodus vollständig zu Grunde liegt, d. h. dass sie alle ausserordentlich klein sind, und dass von ihnen nicht bloss die Kiefer, sondern auch die Pflugschar und Gaumenbeine, und zwar ebenfalls mehrreihig, besetzt sind. Man kann an ihnen zweierlei Formen unterscheiden: erstens feine einspitzige, von welchen die längste auf einem noch vorhandenen Kieferaste aufsitzen, und dann solche, welche etwas dickere und bauchig zugespitzte Köpfchen haben, von deren Spitze aus tiefe Furchen strahlenartig herablaufen und dadurch die Aussenfläche gerippt machen. Diese letztere Sorte von Zähnen stimmt ganz mit der Abbildung überein, welche *Quenstedt* (Petrefaktenk. tab. 17 fig. 2 b) von einem Vomerzahne seines Dapedius punctatus (übrigens kein Dapedius, sondern ein echter Aechmodus) mittheilte. Die grössten unter diesen Zähnchen erreichen noch nicht eine Linie im Durchmesser, die meisten bleiben weit hinter dieser Grösse zurück. Mit der Grösse des Fisches steht die winzige Kleinheit der Zähne im auffallenden Missverhältniss.

Die Schuppen, in sehr zahlreichen Reihen stehend, zeigen nicht das glänzende Ansehen von Dapedius, was wohl davon herrührt, dass sie meist nur von der Innenseite sichtlich sind und bereits etwas abgeschliefert erscheinen. Längs des ganzen Rückens sind sie klein und länger als hoch; im letzten Rumpfdrittel werden sie zwar grösser und höher, ohne dass jedoch die Höhe die Länge überschreitet und nach der Bauchseite hin werden sie in dieser Region abermals beträchtlich schmäler. In der übrigen Rumpfgend sind sie höher als lang, gleichseitig und glatt; die grössten dieser Schuppen sind etwas über 3''' und 2½''' breit. Ausser der Schwanzflosse ist nur noch die Brustflosse vorhanden, welche sehr hoch oben ansitzt und etwas gebogen ist; erst hinter der Hälfte ihrer Länge fangen ihre Strahlen an, sich zu gliedern und zuletzt sich zu spalten. Die Wirbelsäule ist völlig gedeckt.

Die ganze Länge dieses Exemplares vom Anfang der Schwanzflosse an bis zur Kieferspitze mag 13''' betragen haben, von jenem Punkt bis zum Schultergürtel misst sie 9'''; die Brustflosse ist gegen 1'' 9''' lang. Die grösste Breite des Rumpfes beträgt 5'' 9''', die kleinste am Anfang der Schwanzflosse ohngefähr 1'' 4'''.

III. Familie.
SPHAERODONTES. SCHEIBENZAEHNER.

Gestalt länglich-oval; Rücken- und Afterflosse kurz; Zähne in mehreren Reihen; auf den Kiefern walzig mit stumpfer Zuspitzung oder einem abgerundeten Köpfchen, auf dem Gaumen flach halbkugelig; Flossen mit Schindeln besetzt; die nackte Rückensaite von zusammenstossenden Halbwirbeln umgeben.

Bei Agassiz bildete die Gattung Lepidotus den Mittelpunkt der nach ihr benannten Familie der Lepidoidei, welcher er eine grosse Reihe von Gattungen zugewiesen hatte. Als Merkmale dieser Familie hatte er hervorgehoben, dass der Leib mit rautenförmigen Schmelzschuppen besetzt ist, und dass die Zähne entweder bürstenförmig in mehrere Reihen gestellt sind, oder dass sie nur eine einzige Reihe kleiner, stumpfer Zähne ausmachen. Indem ich durch den reichen Zuwachs der hiesigen Sammlung mit dem Zahnsysteme unserer Fische genauer bekannt wurde, fand ich, dass unter den Lepidoiden sehr heterogene Typen zusammen gefasst waren, welche ich demnach, soweit sie in den Kreis der hier zu erörternden Fauna fallen, davon ausgeschieden habe. So habe ich denn von den Lepidoiden eine eigene Familie als Stylodonten abgesondert, andere Gattungen, wie z. B. Philodophorus und Propterus, habe ich zu den Sauroiden verwiesen und endlich die Gattung Lepidotus selbst als Typus einer besonderen Familie hervorgehoben, der ich nicht mehr den weitschichtigen und ungenauen Namen der Lepidoiden beiless, sondern sie nach ihrem auffallendsten Merkmale als Familie der Sphärodonten bezeichnete. Ausser Lepidotus kann ich derselben nur noch die neue

Gattung Plesiodus beifügen und sehr wahrscheinlich wird ihr auch Münster's Scrobodus angehören.

Zur oben angegebenen Charakteristik der Familie der Sphärodonten mögen auch folgende Bemerkungen beigefügt werden. Sowohl die Kiefer als die Gaumenbeine und die Pflugschar sind mit mehreren Reihen von Zähnen besetzt. Auf den Kiefern tragen die innern Reihen grössere Zähne als die äussern; die grössten Zähne finden sich auf der Vomeralplatte und haben eine glatte, flach halbkugelige Form. Auf solche isolirt gefundene sphäridische Zähne hatte Agassiz die Gattung Sphärodus begründet, die nunmehr einzuziehen ist. Die Augenhöhle ist von Knochenplättchen in einfacher oder doppelter Reihe umgeben, an welche die Platten des Kiemendeckels unmittelbar angrenzen, so dass hiedurch der ganze Apparat des Unterkiefer-Suspensoriums verdeckt wird. Mit der Stärke der rautenförmigen Schmelzschuppen steht im umgekehrten Verhältnisse die geringe Entwicklung der Wirbelsäule, welcher knöcherne Wirbel ganz abgehen, indem ihre Stelle die weiche Rückensaite, umhüllt von zusammenstossenden Halbwirbeln, einnahm. Vollständig ist dieses Verhältniss freilich nur bei unserem vortrefflichen Exemplare von Lepidotus armatus aufgedeckt; der Mangel echter Wirbelkörper ist hiernach jedoch wohl mit Sicherheit auch bei allen andern Sphärodonten vorauszusetzen.

VI. Lepidotus *Ag.*

Die Gattung Lepidotus gehört zu den ausgezeichnetsten unter allen Fischen des lithographischen Schiefers. Ihre Form ist die eines starken Karpfen. Die Schuppen sind rhombisch, mit dickem glänzendem Schmelzbeleg und in sehr regelmässige Reihen gestellt; wenn sie vollständig ausgebildet und isolirt sind, so zeigt eine solche Schuppe nicht bloss am obern Rande den Gelenkzacken und am untern die Gelenkgrube, sondern es springen auch die beiden Ecken des Vorderrandes in Hörner hervor, was sehr bezeichnend für diese Gattung ist. Der Vorderrand aller Flossen, bei der Schwanzflosse auch der untere Rand, ist mit einer Doppelreihe sehr starker Schindeln besetzt; letztere Flosse mehr oder minder tief ausgeschnitten, die Rückenflosse dem Raume zwischen Bauch- und Afterflosse gegenständig. Die Mundöffnung nebst den Kiefern ist kurz. Höchst charakteristisch ist das Gebiss, indem sowohl die Kiefer, als auch die Gaumenbeine mit einigen Reihen kleiner Zähne besetzt sind, die theils spitz, theils mit einem angeschwollenen halbkugeligen Köpfchen enden. Die grössten aller Zähne stehen auf dem Vomer, sind glatt und halbkugelig und haben Veranlassung zur Aufstellung der Gattung Sphärodus gegeben.

So häufig auch die Gattung Lepidotus im Lias auftritt, so selten ist sie im lithographischen Schiefer, indem Agassiz aus letzterem nur 3 Arten kennt, die er mit dem Namen L. unguiculatus, oblongus und notopterus bezeichnete. In gleichem Maasse sind aber auch die Individuen aus diesen Schiefern selten, denn die hiesige ältere Sammlung besass nur einige, wenngleich ansehnliche Fragmente von einer einzigen Art und selbst die Münster'sche hatte nur etliche sehr unvollständige Reste. Noch dürftiger war die Eichstädter Sammlung bestellt, dagegen überlieferte die Häberlein'sche uns einige ausgezeichnete Exemplare. Schon vorher war ich so glücklich, ebenfalls etliche sehr werthvolle Platten zu acquiriren, so dass jetzt auch diese Gattung im hiesigen Museum gut repräsentirt ist. — Noch seltener als bei uns kommen diese Fische im südwestlichen Verlaufe des lithographischen Schiefers vor; aus Würtemberg führen weder Fraas noch Quenstedt Reste von Lepidotus an, und wenn auch Thiollière zwei Arten von Cirin zweifelhaft unterscheidet, so gehören diese doch nur zu den kleinsten Formen, welche dieser Schiefer aufzuweisen hat.

Mit Lepidotus ist nun aber auch die Gattung *Sphärodus*, die bisher bloss auf Zähne der Gaumenplatte begründet war, zu verbinden. Schon Agassiz hatte es späterhin erkannt, dass sein Sphärodus mammillaris nur auf die Zähne eines Lepidotus errichtet worden war. Bezüglich der bei Schnaitheim in grosser Anzahl vorkommenden Zähne des Sphärodus gigas, zugleich mit den Schuppen von Lepidotus maximus, hatte schon Quenstedt die Zusammengehörigkeit beider mit Sicherheit vermuthet. Ich habe nunmehr den Nachweis geliefert, dass die Gebisse von Schnaitheim im Grossen das Gebiss des kleinen Lepidotus notopterus wiederholen, dass sie also wirklich einem Lepidotus entnommen sind, der nach allen Anzeichen kein anderer als der L. maximus seyn. Nachdem aber einmal die Zuständigkeit von zweierlei Sphärodus-Zähnen zu zwei Arten von Lepidotus festgestellt ist, bleibt kein Haltpunkt mehr für die Selbstständigkeit einer eigenen Gattung von Sphärodus übrig; diese muss vielmehr aufgehoben werden und weitaus die meisten ihrer Ueberreste werden an Lepidotus fallen. Ein anderer Theil wird aber an die neue Gattung Plesiodus übergehen, bei der die meisten Zähne die sphäroidische Gestalt von Sphärodus haben.

Merkwürdig ist die ausserordentlich weite Verbreitung der Arten von Lepidotus sowohl nach der geognostischen Reihenfolge der Formationen, als nach ihrer geographischen Ausdehnung. In ersterer Beziehung reichen sie vom Lias angefangen bis in den Grobkalk; in letzterer kennt man sie aus England, Frankreich, Deutschland, Italien, Griechenland, Ostindien und Brasilien [1].

1. L. armatus Wagn.

L. armatus. Wagn. Münchn. gel. Anz. XXII (1840) S. 302.

Obwohl das Exemplar, auf welchem diese von Solenhofen stam-

---

[1] *Agassiz* hat die Grenzen der Gattung zu weit ausgedehnt, indem er ihr auf Tab. 29c Fig. 12 ein Fragment zuwies, welches echte Wirbelkörper besitzt und das er dem *Lepidotus minor* zuschrieb. Allein die Zugehörigkeit dieses Fragmentes zu genannter Art ist durchaus nicht dargethan; ja die Form der Wirbel ist von der aller derjenigen fossilen Ganoiden, die eine vollständige Wirbelsäule besitzen, so auffallend verschieden, dass sie zu keiner der aus dieser Ordnung bekannten Gattungen passen, am allerwenigsten aber auf einen Lepidotus zu beziehen sind.

mende Art beruht, seine Beschuppung verloren hat, so hat diess doch den grossen Vortheil gebracht, dass dadurch das ganze Rumpfskelet aufgedeckt worden ist und an ihm zum erstenmale die Beschaffenheit der Wirbelsäule erkannt werden kann. Ausser der Beschuppung fehlt nichts weiter als das letzte Ende der Schwanzflosse, auch ist die Kiefergegend beschädigt; sonst aber ist das Uebrige so vollständig erhalten, dass dieses Exemplar zu den allerwerthvollsten der ganzen Sammlung gehört.

Nächst L. maximus ist L. armatus die grösste Art, denn seine Länge bis zur Mitte der Gabelung der Schwanzflosse beträgt 2¼ Fuss. Dabei ist der Körper langstreckig, der Rücken nur flach gewölbt und daher der Leib nach hinten beträchtlich breit; seine Breite vor der Rückenflosse ist 8″ und am Ansatz der Schwanzflosse 5½‴. Von der Beschuppung ist auch nicht einmal eine Spur vorhanden, mit Ausnahme der, welche sich auf der Mittellinie hinter der Rücken- und hinter der Afterflosse erhalten hat. Man sieht da zuerst auf jeder dieser beiden Mittellinien des Rücken- und Bauchkieles 3 schmale sechsseitige Schuppen von ohngefähr 7‴ Länge und zu beiden Seiten jedes Kieles, also bereits der Leibesseite angehörig, auf einer Strecke von etwas mehr als Zollbreite kleine rautenförmige, regelmässig gereihte Schmelzschuppen, von denen die meisten kaum eine Linie Länge erreichen. Bei allen andern Arten von Lepidotus sind die Schuppen in dieser Region viel grösser, was den L. armatus sehr von ihnen unterscheidet. Die Knochenplatten des Hinterschädels nebst dem Schultergürtel sind sämmtlich glatt, doch ist bemerklich zu machen, dass der Schädel seine ganze Vorderwand verloren hat und demnach jetzt die Innenseite der Hinterwand entblösst ist. Vom Gebiss sind nur kleine, dünne, walzige und stumpf zugespitzte Zähne übrig geblieben, die zerstreut umher liegen. Alle Flossen sind erhalten; die Rückenflosse, von 16 Flossenträgern unterstützt, ist weit vom Kopfe abgerückt, indem sie bald hinter dem Vorderrande der Bauchflosse beginnt und weithin über die Afterflosse sich ausdehnt. Die Bauchflossen haften an starken Trageplatten, ähnlich denen von Strobilodus.

Was diesem Exemplare seinen höchsten Werth verleiht, ist das im trefflichsten Stande erhaltene Rumpfskelet, von dem alle unsere übrigen Platten nichts aufzuweisen haben. Sämmtliche Fortsätze der Wirbelsäule: die obern und untern Dornfortsätze, sowie die Rippen sind ausserordentlich kräftig und lang; auch die blinden Strahlen, die vom Hinterhaupte an bis zur Rückenflosse, sowie die wenigen, die sich hinter der letztern zwischen die obern Dornfortsätze einschieben, sind stark entwickelt. Von ansehnlicher Breite sind die untern Dornfortsätze, auf welche sich der untere Lappen der Schwanzflosse stützt. Obere Dornfortsätze zählt man 52 bis 53; sie gehen gleich den untern von kleinen Schildchen ab, die unmittelbar der Wirbelsäule ansitzen und nach vorn und hinten einen Gelenkfortsatz abschicken. Was die Wirbelsäule selbst anbelangt, so sieht man an ihr gar keine Wirbelkörper, sondern nur eine am Anfange zollbreite Binde, die durch senkrechte Eindrücke in eben so viele, den eigentlichen Wirbeln entsprechende Abschnitte als obere Dornfortsätze vorhanden sind, abgetheilt wird. Ein jeder dieser Abschnitte wird durch die Diagonale, welche vom hintern untern Eck zum vordern obern verläuft, in zwei Dreiecke zerlegt; die Basis des einen Dreiecks geht demnach vom obern Dornfortsatz aus, die des andern vom untern Fortsatz. So entstehen auch ringförmig verbundene Halbwirbel, wie sie Heckel nennt, aber in anderer Weise, als es gewöhnlich der Fall ist[1].

---

1) *Heckel* hat zuerst darauf aufmerksam gemacht, dass bei diesem Exemplare „ringförmige Halbwirbel" vorkommen (Sitzungsberichte 1850 Oktober-Heft S. 6), ohne doch dabei ihre Construction anzugeben. Auf der vorhergehenden Seite theilt er die Abbildung zweier Wirbel mit, ohne zu sagen, von welcher Gattung. Wenn es, wie wahrscheinlich, Wirbel von unserem L. armatus sein sollen, so ist die Abbildung verfehlt, denn in dieser kommen sich beide Dreiecke einander

2. L. unguiculatus *Ag.*

Ag. II p. 251 tab. 30 fig. 7—9. — *Rüpp.* Abbild. einiger Versteinerungen 1829 S. 11 tab. 4.

Rüppell war der erste, der einen Ueberrest von dieser Gattung bekannt machte, nämlich ein ansehnliches Fragment eines Schuppenpanzers, den er in Daiting erhalten hatte. Er wusste ihn jedoch nicht richtig zu deuten und schrieb ihn daher einem „unbestimmbaren" Thiere, vermuthlich aus der Classe der Reptilien" zu. Auch H. v. Meyer war etliche Jahre nachher noch zweifelhaft, ob dieser Panzer von einem Reptil oder Fische herrühren dürfe; mit den damaligen Hülfsmitteln war eine genauere Bestimmung auch nicht möglich. Erst Agassiz gab in seinem berühmten Werke den Palaeontologen die Mittel in die Hand, um fossile Fische richtig deuten zu können und er selbst war es, der zuerst dieses Panzerstück an seine Gattung Lepidotus verwies. Was er hierüber beibringt, beruht lediglich auf dem von Rüppell erworbenen Fragmente; ich kann daher zur Kenntniss dieser Art einen nicht unwichtigen Beitrag liefern, indem es unserem Diener Ditterich schon vor zehn Jahren gelang, in Daiting eine Doppelplatte anzukaufen, worauf der Fisch, wenn auch in einigen Parthien zerrüttet, doch in allen seinen wesentlichen Theilen erhalten ist.

Der Schädel hat am meisten gelitten; am besten conservirt ist der

gerade entgegen und zwar so, dass der untere über die ganze Mitte des oberen hinübergreift. Bei dem L. armatus dagegen liegen beide Dreiecke in umgekehrter Richtung neben einander als die Hälften des rechtseitigen Wirbels. Wollte man eine Form, wie sie Heckel zeichnet, herausbringen, so müsste man für ein unteres Dreieck immer noch ein oberes des folgenden Wirbels mitnehmen, was natürlich nicht zulässig ist. Nur unter solcher Voraussetzung könnte auch ein rautenförmiger Zwischenraum zwischen 2 Wirbeln, wie Heckel ihn zeichnet, entstehen. Beim L. armatus aber stossen die Gelenkflächen unmittelbar zusammen, und kenne ich überhaupt keine Wirbelform, wie sie Heckel abgebildet hat.

Unterkiefer, wenngleich in der Symphyse auseinander gerissen. Er ist sehr kurz, aber robust und am Unterrande stark bogig ausgeschnitten; jeder Ast zeigt mindestens drei Reihen walziger Zähnchen, von denen jedes eine braune Kuppe trägt, die bei den kleineren mehr zugespitzt, bei den grössern Zähnchen mehr flach gewölbt ist. Die grösern Zähnchen, deren Kuppe fast eine Linie Durchmesser hat, stehen auf der innern, die kleinern und spitzigeren auf der Aussenseite. Aehnlich verhalten sich die Zähne im Oberkiefer.

Die Beschuppung liegt fast vollständig vor. Zwar haben sich auf der Vorderseite dieses Exemplares nur einzelne Parthien mit ihren glänzenden Schmelzschuppen erhalten, dafür sieht man von der andern Rumpfseite fast die ganze innere Fläche des Panzers und kann dadurch die Gelenkung der Schuppen auf's deutlichste wahrnehmen. Wie bei allen andern Arten laufen auf der Innenseite der Schuppen die beiden Ecken des Vorderrandes in lange Hörner aus, während der hintere Rand gerade abgeschnitten ist. Der obere Rand hat in der Mitte einen vorspringenden Zahn, und der untere eine Ausfurchung; der Zahn greift in die Aushöhlung der nächst obern Schuppe und die Ausfurchung nimmt den Zahn der nächst untern Schuppe auf. In der hintern Rumpfhälfte verlieren die Schuppen allmählig den Zahn und die Ausfurchung, zuletzt auch die Hörner. Die Schuppen sind auf ihrer Aussenseite mit einem dicken, licht bräunlichgelben, stark glänzenden Schmelze belegt, der ganz glatt und am Hinterrande völlig ungezackt ist. An den grössten Schuppen hat ihr Schmelzbesatz eine Höhe von 5''' bei einer fast eben so grossen Länge. Da jedoch der Schmelz den Vorderrand der Schuppe nicht deckt, so sind letztere auf ihrer innern Seite durchgängig länger als hoch und diese Differenz wird immer grösser, je weiter die Schuppen abwärts oder hinterwärts zu liegen kommen.

Alle Flossen sind noch auf diesem Exemplare vorhanden und alle sind mit sehr starken Schindeln besetzt. Die Brustflossen sind lang und etwas gebogen; die Rückenflosse ist hoch, nimmt hinterwärts rasch an

Höhe ab und ihr Hinterende liegt noch dem Anfang der Afterflosse gegenüber. Die Schwanzflosse ist sehr breit und nicht sonderlich tief ausgeschnitten; die äussern Strahlen auf beiden Seiten derselben sind auf jedem Gliede mit einem ovalen schwarzen Schmelzplättchen besetzt, das einfach ist, so lange der Strahl ungetheilt bleibt, doppelt, sobald er sich spaltet.

Die ganze Länge dieses Exemplares bis zur Mitte der Schwanzflosse beträgt etwas über 2 Fuss. Seine grösste Breite kann bei der starken Zertrümmerung nicht genau gemessen werden, ist aber jedenfalls sehr erheblich; am Anfang der Schwanzflosse macht sie 3″ 4‴ aus. — Das Exemplar, von dessen Schuppenpanzer Rüppell ein Stück erhielt, war noch grösser, indem die Schuppen fast um ein Drittel grösser sind.

3. L. oblongus Ag.

Ag. II p. 259 tab. 34ᵃ fig. 1—3.

Zu den beträchtlichen Fragmenten der hiesigen Sammlung, auf welche Agassiz diese Art stützte, ist nichts weiter als ein sehr ansehnliches Bruchstück der vordern Rumpfhälfte von Eichstädt hinzugekommen. Bei gleicher Grösse mit L. unguiculatus unterscheidet sich von ihm der L. oblongus schon durch seine kleinern und daher auch zahlreicheren Schuppen, während zugleich der zur Gelenkung mit der nächst obern dienende Zahn merklich länger und spitzer ist. Mit Ausnahme der ersten Reihen hinter dem Schultergürtel sind die Schuppen durchgängig länger als hoch, und sie werden um so schmäler, als sie weiter abwärts ansitzen; die grössten sind auf ihrem Schmelzbesatz nicht höher als 3½ Linien. Die Oberfläche der Schuppen ist ganz glatt und der hintere Rand gerade und ganz; nur an etlichen wenigen habe ich mit der Lupe eine feine Zähnelung wahrgenommen. Die Rückenflosse scheint etwas weiter vorgerückt als bei den andern grossen Arten.

4. L. decoratus *Wagn.*
Tab. 6. Fig. 2. 2a.

Eine sehr ausgezeichnete Art, die auf einem Prachtexemplare von Solenhofen aus der Häberlein'schen Sammlung beruht. Der Schuppenpanzer ist mit Ausnahme des Bauchrandes fast vollständig aufbewahrt; am Schädel ist zwar der Schnauzentheil abgebrochen, liegt aber nebenan; die Flossen sind meist zertrümmert, doch die Schwanzflosse noch in ziemlich gutem Zustande. Was diese Art von allen andern unterscheidet, ist der Körnerbesatz des Schädels und die hohen, am Hinterrande stark gezackten Schuppen.

Der Schädel ist fast auf allen seinen Theilen mit kleinen, unregelmässig verstreuten Körnern besetzt; der Hinterrand der Wangen- und Augenplatten überdiess wulstig ausgekerbt. Der umgestürzte Unterkiefer zeigt noch eine Reihe kleiner Zähne mit einem etwas angeschwollenen, spitzen, schwarzen Köpfchen. Isolirt liegt ein etwas grösserer, halb sphäroidischer, glatter Zahn mit einem Durchmesser von $1\frac{1}{2}$ Linien. — Die Schuppen sind glatt und verhältnissmässig gross, in der vordern Rumpfhälfte merklich höher als lang und am Hinterrande stark gezackt. Im weiteren Verlaufe nach hinten nehmen sie allmählig an Höhe ab, so dass sie zuletzt länger als hoch sind und zum Theil eine sehr verschobene, den Spitzwecken ähnliche Figur annehmen. Mit dieser Formänderung der Schuppen in der hintern Rumpfhälfte, von der aber auch bereits in der vordern die obersten Reihen betroffen sind, verlieren dann die Schuppen auch ihre Zacken an den Hinterrändern. Vor der Afterflosse liegen isolirt zwei abnorme Schuppen, die an dem einen Rande lange Zacken aufzuweisen haben, wie solche Quenstedt schon von andern Arten bekannt gemacht hat. — Die Schwanzflosse beginnt sehr breit, und ihre äussern Strahlen beiderseits sind auf jedem Gliede mit einem kleinen Schmelzplättchen besetzt, wie diess schon von L. unguiculatus erwähnt wurde.

Die Länge dieses Exemplares beträgt ohngefähr anderthalb Fuss, die Breite der Schwanzflosse am Anfange etwas über $2\frac{1}{2}$ Zoll.

5. **L. intermedius** *Wagn.*
Tab. 6. Fig. 3.

Ebenfalls eine neue Art, die uns aus der Häberlein'schen Sammlung in einem Exemplare zugekommen ist; es fehlt ihm zwar das Schnauzenende, ein Stück aus der Mittelgegend des Panzers und alle Flossen mit Ausnahme der Schwanzflosse, dagegen ist letztere in einer Vollständigkeit erhalten, wie auf keiner andern Platte und eben so ist der grosse übrige Theil der Beschuppung in einem sehr guten Zustande.

Von gleicher Grösse mit L. decoratus und mit Schuppen, die ebenfalls höher als lang sind, unterscheidet sich diese Art doch gleich sehr bestimmt von jenem, dass ihre Schuppen ungezackt und zugleich kleiner, daher weit zahlreicher sind. Dazu kommt noch der weitere Umstand, dass zwar die Schuppen in der hintern Rumpfhälfte gleichfalls schmäler werden, aber doch weit mehr ihre reguläre Form beibehalten, als bei L. decoratus. Die Platten des Hinterschädels sind mehr gerunzelt als gekörnt und der Kiemendeckel erheblich breiter als bei der andern Art. Mit L. oblongus kann auch keine Verwechslung stattfinden, weil bei diesem die Schuppen länger als hoch sind. L. notopterus hat zwar die gleiche Beschuppung mit L. intermedius, aber eine sehr verschiedene Form der Schwanzflosse.

Bei der guten Erhaltung der letzteren will ich noch einige Bemerkungen über sie beifügen. Bei grosser Breite schon gleich von ihrer Wurzel an ist sie doch nur seicht halbmondförmig ausgeschnitten. Ihre äussern Strahlen zu beiden Seiten sind nicht bloss weit länger und stärker als die innern, sondern zerspalten sich auch nicht in so vielfacher Weise, sind aber ebenfalls in überaus kurze, zahlreiche Glieder abgetheilt. So lange sie ungetheilt sind, ist jedes Glied mit einem kleinen, schwarzen Schmelzplättchen besetzt; sobald aber die Strahlen sich spalten, verschwinden die Plättchen, was bei den vorhergehenden Arten nicht der Fall ist. Die innern Strahlen, deren 10 vorhanden zu sein scheinen, lassen sich füglich mit kleinen Pentakriniten vergleichen, freilich mit abgerundeten Stielen. Jeder Strahl beginnt mit einem kurzen Stiele, der bald anfängt, sich mehrfach zu gabeln bei gleichzeitiger zahlreicher Gliederung und sich zuletzt in feine Strählchen auflöst. Die Länge dieses Fisches beträgt an anderthalb Fuss; die Schwanzflosse hat an ihrem Anfange eine Breite von etwas über $2\frac{1}{2}$ Zoll.

6. L. notopterus Ag.

Ag. II p. 257 tab. 35. — *Quenst.* Petrefaktenk. S. 197 tab. 15 fig. 4.
— ? *Thiollière* Ann. des sc. phys. et nat. de Lyon III, 1. 1850. p. 111.

Mit dieser Art wurde Agassiz erst in England bekannt, nach einem Exemplare, das von Solenhofen herstammte; in den deutschen Sammlungen hatte er nichts von ihr gefunden. Das erste Exemplar, das hieher gelangte, war in der Münster'schen Sammlung aufbewahrt, bestand aber nur in einem undeutlichen Abdrucke, dem die ganze Bepanzerung abging; als Fundort ist Eichstädt aufgeführt. Zwei andere Exemplare von Solenhofen brachte die Häberlein'sche Sammlung; eines ziemlich vollständig, aber sehr zerrüttet, das andere ohne Kopf, jedoch der Rest in gutem Zustande. Ein schönes Exemplar führt Quenstedt von Kelheim an.

Die kleinste unter den Arten des lithographischen Schiefers, indem sie bloss einen Fuss, oder doch nur wenig darüber lang wird. Sie unterscheidet sich von allen andern Arten durch ihre schmale und dabei tief ausgeschnittene Schwanzflosse; an ihrer Wurzel hat diese nur eine Breite von 1" 6'''. Die Schädelplatten und die Schuppen sind glatt; letztere sind ungezackt und in der vordern Leibeshälfte etwas höher als lang. Die Rückenflosse ist mit sehr starken Schindeln besetzt. — An dem einen unserer Exemplare, das die Unterseite des Schädels mit abgerücktem Unterkiefer aufzeigt, ist der grösste Theil des Gebisses entblösst. Der kurze Vomer, der dem Vorderende des Keilbeines angefügt ist, trägt 4 Querreihen von Zähnen, die von hinten an gezählt zu 2, 2, 4 und 4 stehen. Die beiden hintern Reihen enthalten die grössten

Zähne des ganzen Gebisses, obwohl der Durchmesser ihrer kugeligen, glatten Köpfchen noch nicht eine Linie erreicht, die Zähnchen der beiden vordern Reihen sind noch kleiner, zumal die äussern. Zu beiden Seiten der Pflugschaar zeigen sich auf den beiden Gaumenbeinen 4 Längsreihen von überaus kleinen, spitzen Zähnen, wovon nur die eine Reihe sich weiter rückwärts fortsetzt. Vor dem Vomer liegen in einer Querreihe 9 spitze Zähne, die etwas grösser als die der Gaumenbeine sind und dem Zwischenkiefer angehören. Der Unterkiefer zeigt nur noch eine Reihe kleiner Zähne mit sphäroidischen Köpfchen.

Von Cirin führt Thiollière eine Art an, die ihm mit L. notopterus übereinzustimmen scheint, was auch mir wahrscheinlich ist.

7. L. maximus *Wagn.*

L. giganteus. Quenst. Petrefaktenk. S. 198.

Obwohl die grösste aller Arten der ganzen Gattung führe ich sie doch erst am Schlusse auf, weil sie uns nicht gleich den vorgehenden nach der ganzen Körperform, sondern nur nach einzelnen Schuppen oder Panzerfragmenten bekannt ist. Man hat solche bei Solenhofen, Kelheim und Eichstädt (am Blumenberg) gefunden; die beiden kostbarsten Stücke sind die, von denen das eine Herr Gerichtsarzt Oberndorfer aus den Steinbrüchen von Kelheim-Winzer besitzt, während das andere aus der Häberlein'schen Sammlung in die hiesige übergegangen ist. Letzteres ist ein zusammenhängendes Panzerfragment von 2 Fuss Höhe und $15\frac{1}{2}$ Zoll Länge. Die Mehrzahl der Schuppen zeigt nur die Innenseite, doch liegen auf diesen noch einzelne der Vorderseite, welche daher ihre Aussenfläche aufzuweisen haben. Der Umstand, dass nur einige der vordersten grossen Schuppen den Gelenkzahn besitzen, während er hinter diesen bald ganz verschwindet, wobei gleichzeitig die Schuppen allmählig an Grösse abnehmen und die beiden Hörner des Vorderrandes sich fortwährend verkürzen, bis sie zuletzt ganz verschwinden — dieser Umstand zeigt an, dass gedachtes Fragment bereits dem Anfange der hintern Rumpfhälfte angehörig ist. Auf der Innenseite sind alle Schuppen glatt, auf der Aussenseite haben sie dagegen einen dicken Schmelzbesatz, der, wie uns einige der vordern grossen Schuppen zeigen, einen rhombischen Umriss hat und auf dessen Oberfläche strahlenartig gestellte Falten nach dem Vorderrande verlaufen, der dadurch etwas gekerbt wird. Die Höhe einer dieser grossen Schuppen beträgt $15\frac{1}{2}$ Linien; die Länge zwischen den Hörnern ist eben so gross, dagegen längs der Hörner erreicht sie fast $2''$. Wie gewöhnlich werden die Schuppen nach der hintern Leibeshälfte zu allmählig kleiner und ihr Schmelzbesatz wird dann glatt und ungezackt. Aus der Grösse dieses Panzerstückes darf man wohl auf ein Thier schliessen, das bei einer Rumpfhöhe von mehr als 2 Fuss eine Länge von 8 Fuss erreichen konnte.

Von allen andern Arten des lithographischen Schiefers ist dieser L. maximus nicht bloss durch die Grösse, sondern auch durch die Faltung seiner Schuppen ganz und gar verschieden. Im obern Jurakalke von Schnaitheim findet man ähnliche Schuppen, die wohl zu dieser Art gehören könnten. Auch die grossen Schuppen, welche Agassiz (p. 255 tab. 29^c fig. 2, 3) aus L. palliatus von Boulogne abbildete, zeigen grosse Aehnlichkeit. Quenstedt fasste alle die grossen Schuppen, welche im süddeutschen Jura vorkommen, unter dem Namen *L. giganteus* zusammen; ein Name, der nicht beibehalten werden kann, weil schon lange vorher eine Art des Lias als L. gigas benannt wurde.

7. A. Sphaerodus gigas *Ag.*

Ag. II. b. p. 210 tab. 73 fig. 83—94. — *Wagn.* Münchn. Abh. VI S. 58. — *Quenst.* Petrefaktenk. S. 199 tab. 13 fig. 42; Jura S. 780 tab. 96 fig. 5—10; württemb. Jahreshefte 1853 S. 361 tab. 7 fig. 1—8.

Nur zweifelhaft hatte Agassiz seine Gattung Sphaerodus aufgestellt, weil er zwar sehr viele isolirte Zähne von ihr, aber nicht die dazu gehörigen Thiere kannte; lediglich bei seinem Sph. mammillaris war er später gewahr worden, dass die unter diesem Namen begriffenen Zähne nicht von einem Pycnodonten, sondern von einem Lepidotus herrührten.

In meiner früheren Abhandlung kannte ich noch keine Zähne von Sphaerodus aus dem lithographischen Schiefer; nur aus dem Diceraskalk von Kelheim lag ein Bruchstück einer Gaumenplatte vor, deren Zähne mit denen des Sph. crassus *Ag.* übereinstimmte. Erst die Häberlein'sche Sammlung überbrachte uns einen isolirten, dem Gesteine noch ansitzenden und 7 Linien im Durchmesser haltenden Sphaerodus-Zahn von Mühlheim, und die h. Leuchtenberg'sche einen andern, etwas kleinern aus den lithographischen Schiefern des Blumenbergs bei Eichstädt, wobei bemerklich zu machen ist, dass dieser Zahn, der nach seiner Grösse wie nach seinem dünnen Schmelzbelege zu Sphaerodus gigas gehört, aus demselben Steinbruche stammt, in welchem ein Jahr früher die vorhin angeführten grossen Schuppen des Lepidotus maximus gefunden worden waren. Aus diesem Grunde, und bei gleichzeitigem Mangel an Exemplaren von Gyrodus, war man zur Vermuthung berechtigt, dass der Zahn und die Schuppen zusammengehörig sein könnten.

Diese Vermuthung hatte schon früher Quenstedt ausgesprochen, indem er sich auf das ausserordentlich häufige Zusammenvorkommen von grossen Sphaerodus-Zähnen mit grossen Lepidotus-Schuppen, dem L. maximus angehörig, bei Schnaitheim berief. Am wichtigsten unter seinen Funden ist die grosse Platte aus dem knöchernen Gaumen, die er in den würtemb. Jahresheften abbildete und beschrieb, und auf welcher, obwohl ihr rechter Kieferrand abgebrochen ist, noch 53 Zähne übrig gebliebeh sind. Sie stehen ohne Sonderung gedrängt neben einander; die grössten, welche Quenstedt mit Recht dem Vomer anweist, sind zugleich die glattesten und abgerundetsten; je weiter nach dem Seiten- und Vorderrande hin werden die Zähne kleiner und zeigen auf ihrer Mitte eine Spitze. — Wenn bisher die Zugehörigkeit dieser Sphaerodus-Zähne zu Lepidotus nur auf einer Vermuthung beruhte, so erlangt diese jetzt eine festere Begründung durch das vorhin erwähnte Exemplar vom

Lepidotus notopterus, dessen Zähne im Gaumen aufgedeckt vorliegen und im Kleinen ganz mit der Anordnung des Gebisses, wie es die Gaumenplatte von Schnaitheim aufweist, übereinkommen. Wie bei letzterer stehen die grössten und abgerundeten Zähne des L. notopterus in der hintern Partie des Vomer's und die beiden vordern Querreihen zeigen an, dass jede mit wenigstens 4 Zähnen besetzt war. Ferner folgen bei L. notopterus zu beiden Seiten der Vomeralplatte 4 Längsreihen von kleineren Zähnen in derselben Ordnung, wie sie die Platte von Schnaitheim aufzeigt. Eben so sind von diesen auf beiderlei Exemplaren die innern Zähne die verhältnissmässig grössten und glatt halbkugelig, während die äussern kleiner und an ihrem Gipfel zugespitzt sind. Eine solche Uebereinstimmung in der Anordnung und Form der Zähne von Sphaerodus gigas mit denen des Lepidotus notopterus verweist aber die Zähne von Sphaerodus zunächst an die Gattung Lepidotus; indess doch nicht ausschliesslich, denn in der von mir neuerdings aufgefundenen Gattung Plesiodus ist das Gebiss nach dem nämlichen Typus geformt, so dass, wenn man lediglich letzteres vor sich hat, es zweifelhaft bleiben kann, ob man es letzterer Gattung oder einem Lepidotus zuzuschreiben hat.

Was nun insbesondere die grossen Zähne von Sphaerodus gigas, die häufig beisammen mit den grossen Schuppen des Lepidotus maximus liegen, anbelangt, so weist ein solches Zusammenvorkommen wohl unbestreitbar darauf hin, dass diese Zähne und Schuppen einer und derselben Art von Lepidotus zuständig sind.

VII. Plesiodus *Wagn.*
Tab. 7. Fig. 1—2.

Aus der Häberlein'schen Sammlung sind in die hiesige mehrere Bruchstücke eines grossen Schädels übergegangen, der nach der Gesteinsbeschaffenheit wahrscheinlich von Daiting herstammt. Die Mehrzahl dieser Fragmente liess sich hier leicht und sicher zusammensetzen, da sie vollkommen ineinander passten; nur eine grosse Zahnplatte und mehrere einzelne Schuppen konnten nicht angeschlossen werden und blieben daher isolirt.

Ich beginne mit der Beschreibung der *Zahnplatte*, da diese den sichersten Fingerzeig zur Orientirung über die systematische Stellung des Thieres, von dem die vorliegenden Reste herrühren, abgibt. Sie ist, wie erwähnt, vom übrigen Schädel abgebrochen und einer dicken Knochenplatte aufgedrückt, welche zur untern Fortsetzung der Seitenwandung des Schädels gehört. Die Zahnplatte selbst ist auf allen Seiten defekt und durch zwei Bruchrisse in einen mittlern Theil und zwei Seitentheile gesondert, die aber noch zusammenhängen. Auf dem Mitteltheil der Vomeralplatte sieht man die Zähne in regelmässige Quer- und Längsreihen vertheilt und zwar in der Weise, dass, von vorn nach hinten gerechnet, zuerst 3 Querreihen mit je einem Paar Zähne hinter einander folgen; die vierte Querreihe weist 3, die fünfte nur 2 und die sechste wieder 3 Zähne auf, von denen die letzteren etwas verrückt worden sind. Dass aber keine dieser Querreihen vollzählig ist, lässt sich schon daraus schliessen, dass neben ihnen die Knochenmasse abgerissen ist, und dass neben der hintersten Reihe noch ein umgestürzt liegender Zahn zum Vorschein kommt. Man darf also wohl annehmen, dass der Mitteltheil wenigstens mit 4 Längsreihen von Zähnen besetzt war. Von den annoch erhaltenen Zähnen sind die vordersten die kleinsten und nehmen allmählig nach hinten an Grösse zu. Das erste Paar derselben ist oval-kegelförmig mit bauchig gewölbter Spitze; eben so gestaltet ist der linke Zahn des zweiten Paares, während der rechte bereits wie beim dritten Paare oben flach gewölbt ist und nur auf der Mitte ein höchst feines Spitzchen zeigt. Die folgenden Zähne sind anfänglich mehr oval, die hintern mehr rundlich im Umfange, alle flach sphäroidisch gewölbt und vollkommen glatt. Der grösste Zahn erreicht noch nicht ganz einen Durchmesser von 4 Linien. An dem verkehrt liegenden hintersten Zahn sieht man, dass seine weite Aushöhlung nur von einer dünnen Schmelzlage überwölbt ist.

Weit mehr Zähne sind auf dem rechten Seitentheil aufbewahrt und zwar ebenfalls in Querreihen mit je 4 Zähnen, die also 4 Längsreihen, jede mit 7 bis 9 Zähnen ausmachen; die äussere und die dieser zunächst liegende Längsreihe bildet eine Bogenlinie. Auch bei dieser Abtheilung sind die vordern Zähne kleiner als die hintern, dabei viel schmäler als die folgenden und bauchig zugespitzt. Von dieser schmalen, bauchig zugespitzten Form bleiben fast sämmtliche Zähne des Aussenrandes, während die des Innenrandes sich schnell verflachen, am raschesten an Grösse zunehmen und eine flache oval-sphäroidische Gestalt annehmen. Alle Zähne sind vollkommen glatt und stehen an Grösse denen der Mittelplatte nach. — Vom linken Seitentheil sind nur noch 2 flache ovale Zähne übrig geblieben.

Aus der Form und Anordnung der eben beschriebenen Zähne ist ersichtlich, dass sie im Allgemeinen nach einem Typus geformt sind, wie er in dem Gaumengebisse des Lepidotus und des sogenannten Sphaerodus auftritt, wenngleich die schmal zusammengedrückte Form der stumpfspitzigen Seitenzähne auf einen generischen Unterschied hinzudeuten scheint.

Den Hauptüberrest unseres Exemplares macht die Steinplatte aus, welche die obere Hälfte des *Schädels* enthält; die untere ist schon vom Oberkiefer an abgebrochen und es fehlt demnach dem Kopfe ein ansehnlicher Theil seiner Höhe. Am vordern Ende des untern Bauchrandes sieht man noch 2 rückwärts geworfene stumpfspitzige Zähne, und dahinter, aber auf der Unterseite des Abbruches, nimmt man noch 2 andere wahr, die der von dem äussern Schädeltheil überdeckten Gaumenplatte ansitzen, von welcher die vorhin beschriebene Platte (fig. 2) die Fortsetzung gewesen ist.

Zunächst fällt uns unverkennbar die grosse Augenhöhle auf, umgeben von einem aus Platten zusammengesetzten Ringe, dem jedoch der Vordertheil fehlt. Die drei obern Orbitalplatten tragen auf einer glatten Oberfläche unregelmässige Höcker; diese hintern Platten sind nicht bloss mit Höckern, sondern auch mit wulstigen Falten besetzt. Oberhalb der Augenhöhle folgen Lücken oder ganz abgewetzte Knochenstücke; erst mit der obersten Platte (f) wird wieder ein besserer Anhaltspunkt gewonnen. Diese Platte ist gewaltsam aus ihrer natürlichen Verbindung losgerissen worden und an allen ihren Rändern beschädigt, mit Ausnahme des hintern, der nur wenig oder nichts gelitten hat und glatt und etwas abgerundet ist. Wie alle folgenden Platten ist auch diese ungemein dick; dabei ist sie flach, mit zahlreichen kleinen Körnern besetzt und scheint, abgesehen von zufälligen Rissen, nur aus einem einzigen ungetheilten Stück zu bestehen. Nach ihrer Lage und Verflachung wird diese Platte die miteinander verschmolzenen Stirn- und Scheitelbeine darstellen.

Zwischen dem Hinterrande des Orbitalringes und dem Anfange der Schuppenreihen folgen nun 4 Platten (a bis d), die sämmtlich sehr dick sind, dabei von einem innern Punkte aus strahlenartig, aber unregelmässig, gefaltet und auf diesen Falten mehr oder minder granulirt sind. Ihre richtige Deutung ist sehr schwierig.

Am mindesten zweifelhaft bin ich über die oberste vordere Platte (a); man wird sie für einen der Zwischenknochen nehmen dürfen, wie sie in verschiedener Form und Zahl in dieser Region vorzukommen pflegen. Eben so kann es keine Bedenklichkeit haben, wenn die darunter und zugleich unmittelbar hinter dem Orbitalringe liegende Platte (b) für einen Theil des Kiemendeckel-Apparates erkläre, wobei es sich nur fragt, für welchen? Vergleichen wir zunächst die mit unserem Exemplare verwandten Gattungen Lepidotus und Dapedius nebst Aechmodus, so ist schon im Vorhergehenden darauf aufmerksam gemacht worden, dass bei denselben dem Hinterrande des Orbitalringes unmittelbar der Kiemendeckel angefügt ist und zwar in der Weise, dass bei Lepidotus der Vordeckel (Praeoperculum) frei vorliegt und dann erst der Deckel (Operculum) nachfolgt, während bei den andern Gattungen der aufsteigende Theil des Vordeckels durch die übergreifenden Hinterränder des

Orbitalringes verdeckt ist und diese also mit dem Operculum direct zusammen grenzen. Dieser letztere Fall tritt nun an unserem Exemplare in gleicher Weise ein: Die Platte b schliesst sich nicht nur unmittelbar dem Orbitalringe an, sondern sie wird auch am Vorderrande von den beiden untersten Platten desselben überlagert. Die Platte b ist demnach das Operculum, dessen Vordeckel verdeckt ist. Eine feine gerade Querfurche in der Nähe des Bauchrandes scheint die Grenze zwischen Deckel und Unterdeckel zu bezeichnen.

Unmittelbar hinter dem Kiemendeckel und der obern Zwischenplatte (a), und genau deren Conturen folgend, legt sich eine grosse keulenförmige Platte (c) an, der in der unteren Hälfte des Hinterrandes eine zweite, mehr schildförmige (d) angefügt ist, während ihr in der oberen Hälfte 3 kleinere Platten aufgelegt sind. Diese beiden grossen Platten, die in gleicher Weise wie die andern strahlenartig gefaltet und granulirt sind, sind es nun, welche etwas sehr Befremdendes haben, da eine ähnliche Bildung weder bei den übrigen Lepidoiden, noch sonst bei den fossilen Ganoiden vorkommt. Da der Hinterrand des Kiemendeckels die Grenze des Schädels ausmacht, da ferner dieser Deckel durch eine tiefe Furche von der Platte c geschieden und also die freie Beweglichkeit ihm ermöglicht ist, so können die beiden Platten c und d nicht mehr dem Kiemendeckel-Apparate, wie es auf den ersten Anblick scheinen möchte, angehören, sondern sie machen den Anfang einer eigenthümlichen Bepanzerung des *Rumpfes*, wenigstens des oberen Anfangstheiles desselben aus. Diess beweist ferner der Umstand, dass hinter den beiden grossen Platten weit kleinere nachfolgen, die allmählig den Uebergang in die eigentlichen Schuppen vermitteln. Man sieht nämlich auf der obern Hälfte des Hinterrandes der keulenförmigen Platte 3 weit kleinere rhomboidale Platten aufliegen, die ebenfalls gefaltet und granulirt sind. Hinter dieser ersten Querreihe folgen 2 andere, jede nur mit 2 Platten, die kleiner und nur noch granulirt sind. Hinter der Platte d zeigt sich ein leerer Zwischenraum, dessen Glätte und Spuren von Eindrücken aber zu erkennen geben, dass auch er mit ähnlichen kleineren Platten besetzt gewesen sein mochte. Hinter diesem Raume folgt eine fragmentarische, etwas gewölbte und granulirte, aber ihrer Oberfläche beraubte Platte (e), auf welche sich die erste eigentliche Schuppe auflegt. Diese ruht mit ihrem Vorderrande auf der zweiten; von der dritten ist nur der Eindruck vorhanden, über welchem die vierte Schuppe folgt, die durch eine Lücke von $1\frac{1}{2}$ Zoll von den vorderen getrennt ist und an Grösse die beiden andern in derselben Querreihe übertrifft.

Ausser den *Schuppen*, welche der Steinplatte aufliegen, sind auch noch mehrere isolirte vorhanden, die alle in Form und Grösse miteinander übereinkommen. Sie haben eine schief rhombische Form, sind in ihrer Mitte ausserordentlich dick, was durch eine ovale Anschwellung des Mitteltheils der Unterfläche veranlasst wird, und schärfen sich an ihren Rändern zu. Ihr Vorderrand ist etwas concav und längs der Mitte ausgehöhlt; sein unteres Ende spitzt sich zu. Die Schmelzplatte, welche der Oberfläche der Schuppe aufliegt, ist ebenfalls rhombisch und die obere Ecke des Hinterrandes in einen Stachel ausgezogen, der jedoch die Unterlage nicht überragt. Ihre Oberfläche ist glänzend saftbraun, in der etwas ausgehöhlten Mitte mit einem matten bläulichweissen Anfluge, überdiess mit vielen kleinen Körnern bedeckt, deren abgeriebene Spitzen ebenfalls weiss sind. Alle diese Schuppen zeigen keine Gelenkfortsätze, wie sie bei Lepidotus und Dapedius vorkommen, was freilich davon herrühren könnte, dass man von ihnen nur die vordersten kennt, die in der Regel mangelhafter ausgebildet sind, als die nachfolgenden.

Fassen wir jetzt in der Kürze die wesentlichsten Merkmale für diesen neuen Typus zusammen, so bestehen sie in Folgendem. Der ganze Schädel ist mit sehr dicken Platten belegt, die sämmtlich mit Körnern besetzt und die meisten überdiess von strahlenartig sich vertheilenden Falten durchzogen sind. Der Augenring besteht aus einer einfachen Reihe von Platten, die mit ihren Rändern unmittelbar auf dem Kiemendeckel (Operculum) aufliegen und dadurch den aufsteigenden Ast des Vordeckels ganz verdecken. Am Anfange der Seitentheile des Rumpfes, unmittelbar hinter dem Kiemendeckel, liegen zwei grosse Platten, hinter denen kleinere folgen, die allmählig in ächte Schuppen übergehen. Letztere sind sehr dick, mit feinen Körnern besetzt, in der Mitte etwas ausgehöhlt und die obere Ecke des Hinterrandes in einen Stachel ausgezogen. Das Gebiss ist im Allgemeinen von gleicher Norm mit dem von Lepidotus und Sphaerodus, aber doch mit eigenthümlichen Modifikationen. — Durch die Form des Augenringes und dessen Verdeckung des Vordeckels, sowie durch die Granulirung und Fältelung sämmtlicher Kopfplatten nähert sich dieser neue Typus am meisten den Gattungen Dapedius und Aechmodus, während er nach dem Zahnbaue sich am nächsten an Lepidotus anschliesst, von allen dreien aber schon in Bezug auf die Bepanzerung des Vorderrumpfes und der eigenthümlichen Schuppenbildung verschieden ist. Nach der Aehnlichkeit seines Gebisses mit dem von Sphaerodus habe ich ihm den Namen *Plesiodus* ($\pi\lambda\eta\sigma\iota o\varsigma$ verwandt; $\dot{o}\delta o\acute{v}\varsigma$, Zahn) beigelegt.

1. Pl. pustulosus Wagn.

Ausser den aus der Häberlein'schen Sammlung herrührenden und von einem und demselben Individuum abstammenden Ueberresten liegt nur noch eine einzelne Schuppe in der Münster'schen Sammlung vor, die Münster von Solenhofen erhielt und fragweise einem Lepidotus zuschrieb. Sie stimmt so vollkommen mit den Schuppen des Häberlein'schen Exemplares überein, dass man meinen sollte, sie stamme gleichfalls von denselben her. Dieser Pl. pustulosus war jedenfalls ein ansehnlicher Fisch, der eine Länge von mehr als zwei Fuss erreichen mochte.

VIII. Scrobodus *Münst.*

Zu den vielen Seltenheiten, die durch *Münster*[1] entdeckt und bekannt gemacht wurden, gehört auch das Fischchen, welches er von Solenhofen erhielt und mit dem Namen *Scrobodus suboratus* bezeichnete; es existirt bis jetzt nur in einem einzigen Exemplare.

Nach der Gestalt und Beschuppung lässt sich dieses Fischchen mit einem kleinen Pholidophorus oder einem zwerghaften Lepidotus vergleichen. Der Körper ist nämlich länglich-oval und der ganze Rumpf ist bedeckt mit lauter regelmässigen Reihen von kleinen, glänzenden, glatten rhomboidalen Schuppen, die in der vordern Leibeshälfte höher als lang, in der hintern fast gleichseitig sind. Es sind noch alle Flossen vorhanden; die Schwanzflosse ist ziemlich tief gespalten, die Rückenflosse steht nicht direkt der Bauchflosse gegenüber, sondern ist mehr zurückgesetzt, also mehr dem Zwischenraume zwischen Bauch- und Afterflosse entgegengestellt. Der Kopf ist kurz und abgerundet; die Mundspalte kurz, der Unterkiefer breit, halb oval und innen ausgehöhlt. Letzterer ist weit abgerückt vom Oberkiefer und hat dadurch eine Lage erhalten, dass man einen grossen Theil seiner innern Fläche mit dem Zahnbesatze wahrnehmen kann. Auf dem Rande der beiden Unterkieferäste sieht man erstlich eine Reihe sehr kleiner, spitzköpfiger Zähne. Dann folgen auf der innern Mundfläche, wahrscheinlich bloss der linken Unterkiefer-Hälfte angehörig, 3 Reihen von Zähnchen, wovon die der mittlern Reihe die kleinsten, die der innersten die grössten Zähne sind. Die kleinern sind im Allgemeinen spitzköpfig, die grössern rundlich oval, abgeplattet und zeigen eine seichte Aushöhlung, deren Wandung fein gefurcht ist, wodurch sie Aehnlichkeit mit Gyrodus-Zähnen erlangen. Der Oberkiefer lässt nur die äussere Reihe kleiner Zähnchen wahrnehmen. — Die Länge dieses Exemplares beträgt bis zur Spaltung der Schwanzflosse

---

1) Beitr. z. Petrefaktenk. V S. 55. tab. 1. fig. 4.

3″ 2‴, bis zum Ende der letzteren 3″ 9‴, die Höhe des Rumpfes 1″ 2‴.

Bezüglich der systematischen Stellung dieser Gattung äusserte sich Münster nur dahin, dass sie den Uebergang von der Familie der Lepidoiden zu den Pycnodonten bilde; Agassiz aber reihte sie geradezu bei letzteren ein. Gegen eine solche Zusammenstellung spricht jedoch ganz entschieden der Habitus, die Art der Beschuppung und die Flossenstellung. Schon die spindelförmige Leibesgestalt des Scrobodus spricht nicht zu Gunsten der Pycnodonten; eben so wenig die Stellung und Form der Rücken- und Afterflosse, welche nicht die eines Reiffisches, sondern die eines Lepidotus ist. Was aber die Hauptsache, die Schuppen sind nicht an Reife geheftet, d. h. ihre Schuppen bilden nicht am Hinterrande erhöhte Leisten, die durch Zusammenstossen Reife veranlassen, die von oben nach unten mit vorwärts gewendeter Concavität verlaufen, sondern die Schuppen sind am hintern Rande vollkommen frei wie bei einem Lepidotus oder Pholidophorus und ihre von oben nach unten verlaufenden Querreihen wenden sich rückwärts wie bei letzteren. Was die Verweisung des Scrobodus an die Pycnodonten früherhin allein rechtfertigen konnte, war der Umstand, dass im Unterkiefer die Zähne mehrreihig stehen. Nachdem aber jetzt von Lepidotus das gleiche Verhalten dargethan ist, fällt der einzige Grund zu Gunsten der früheren Ansicht hinweg. Der Scrobodus ist demnach ein zwerghafter Lepidotus, dessen generische Absonderung von letzterem nur darauf sich stützen kann, dass man bisher aus dem Unterkiefer des Lepidotus bloss glatte Zähne mit convexen Köpfchen kennt, während Scrobodus neben solchen auch ausgehöhlte und gefurchte aufzuweisen hat.

III. Familie.
SAUROIDEI. SAUROIDEN.

Gestalt gestreckt, Zähne kegelförmig, spitz und in einfacher Reihe auf den Kiefern; Flossen in der Regel mit Schindeln besetzt; die nackte

Rückensaite von getrennten Halbwirbeln oder ringförmigen Hohlwirbeln umgeben.

Wie ich bereits der Familie der Lepidoiden von Agassiz eine andere Begrenzung anweisen musste, so gilt das Nämliche auch von der der Sauroiden. Das Hauptmerkmal zur sichern Auseinanderhaltung beider Familien liegt in der Beschaffenheit des Zahnbaues. Die Lepidoiden haben in den Kiefern mehrere Reihen walziger, am Ende kurz zugespitzter oder halbkugelig zugerundeter Zähne aufzuweisen, während die Gaumenplatte mit sphäroidischen Zähnen besetzt ist, die zugleich die grössten des ganzen Gebisses sind. Bei den Sauroiden dagegen zeigt sich auf den Kiefern nur eine einfache Reihe von kegelförmigen spitzen Zähnen; von einem Zahnbesatz des Gaumens ist bisher bei den fossilen Exemplaren nichts bekannt geworden, woraus man wenigstens schliessen darf, dass jedenfalls grössere sphäroidische Zähne niemals zuständig waren, weil bei der Häufigkeit der Sauroiden solche sich sicherlich vorgefunden hätten.

Die Sauroiden machen unter allen Ganoiden die einzige Familie aus, die noch in der Jetztzeit in unsern Gewässern vertreten ist, nämlich durch die beiden Gattungen Lepidosteus und Polypterus. An diesen Gattungen können wir uns nun genau orientiren über den Zahnbesatz der Mundhöhle, und es wird uns dann klar werden, warum uns bisher das Innere derselben bei den fossilen Gattungen als zahnlos erschienen ist. Bei Lepidosteus wie bei Polypterus trägt nämlich der Aussenrand des Zwischen-, Ober- und Unterkiefers eine einfache Reihe grösserer kegelförmiger spitziger Zähne, die in einer gemeinsamen Alveolen-Furche enthalten sind. Einwärts von dieser einfachen Reihe finden sich aber ferner im Unter- wie im Oberkiefer, sowie fast auf allen Theilen, welche die innere Mundhöhle zusammensetzen, weit kleinere, bürstenförmige Zähne, oder auch nur winzige Spitzen, theils in Gruppen vereinigt, theils mehr reihenweise gestellt, die nicht mehr in Alveolen, sondern nur an der Oberfläche der Knochen haften. Dass solche Zähn-

schon bei der Maceration verloren gehen und nur die grossen Zähne des Aussenrandes der Kiefer sich erhalten, versteht sich von selbst; daher erscheint uns jetzt bei den fossilen Sauroiden die innere Mundhöhle als zahnlos. Wir würden in derselben auch vergeblich nach Pflasterzähnen, wie sie Lepidotus hat, suchen, weil dagegen die Analogie der beiden lebenden Gattungen entschieden spricht.

Nachdem ich nunmehr die grosse Verschiedenheit im Zahnsysteme der Lepidoiden und Sauroiden auseinander gesetzt habe, rechtfertigen sich von selbst die Umstellungen, die ich innerhalb der letzteren Familie, im Sinne von Agassiz gefasst, vorgenommen habe. Zuerst musste ich aus der Gruppe der homocerken Sauroiden — denn nur von diesen handelt es sich hier — die Gattungen Caturus, Thrissops, Thrissonotus, Leptolepis und Megalurus entfernen, weil diese, obwohl mit dem Gebisse der Sauroiden versehen, doch nicht zu den Rauten-, sondern zu den Scheibenschuppern gehören. Dagegen musste ich von den Lepidoiden die Gattungen Pholidophorus, Ophiopsis, Notagogus und Propterus abtrennen und sie bei den Sauroiden einreihen, weil sie nicht das Gebiss jener Familie, sondern dieser aufzuzeigen haben.

Die Sauroiden des lithographischen Schiefers lassen sich in 3 Gruppen abtheilen: a) Rückenflosse ungewöhnlich lang, mitunter doppelt; b) Rückenflosse gewöhnlich; c) Rückenflosse gewöhnlich; Kiefer schnabelartig verlängert und zugespizt [1].

†) Rückenflosse ungewöhnlich lang, mitunter doppelt, Kopf keilförmig zugespitzt; — *Macrosemii*.

Eine sehr ausgezeichnete Gruppe, sowohl durch die sehr lange,

---

[1] Ich hatte früher die 3. Gruppe als eigene Familie Aspidorhynchi von den übrigen Sauroiden geschieden; ich habe jedoch jetzt diese Trennung als unnöthig aufgegeben.

mitunter doppelte Rückenflosse, die fast den ganzen Rücken einnimmt, als auch durch den stark zugespitzten Kopf, den langen geraden dünnen Unterkiefer der mit der ziemlich stark convexen Profillinie des Schädels vorn einen langgezogenen spitzen Winkel bildet, sowie durch die verhältnissmässig langen, geraden, zugespitzten Zähne, die in einfacher Reihe dichtgedrängt den Ober- und Unterkiefer besetzen. Die nackte Rückensaite ist nur mit kurzen, ganz getrennten Halbwirbeln besetzt.

IX. Propterus *Ag.*

Sehr markirt durch die beiden Rückenflossen, die fast bis zum Anfang der Schwanzflosse reichen, und wovon die ersten Strahlen in der vordern sehr lang und sichelförmig sind; die Schwanzflosse ist tief gespalten mit sehr langen Seitenlappen. Schwanzflosse, sowie Rücken- und Afterflosse sind mit Schindeln besetzt; letztere ebenfalls stark entwickelt. Das Rückgrath zeigt nur eine nackte Rückensaite mit Spuren von Halbwirbeln, auf denen die Dornfortsätze aufsitzen. In meiner frühern Arbeit[1] hatte ich 3 Arten angenommen, nämlich Pr. speciosus, microstomus und gracilis. Vermehrtes Material hat mich belehrt, dass die beiden letzteren zusammengehörig sind; dagegen habe ich eine neue Art als Pr. elongatus beigefügt. Ich bin aber in der Erweiterung dieser Gattung noch weiter gegangen, indem ich ihr auch die beiden Arten, die Agassiz aus den lithographischen Schiefern zu *Notagogus* gestellt hatte, nämlich N. Zieteni und N. denticulatus, an Propterus verwiesen habe. Bekanntlich weiss Agassiz zwischen beiden Gattungen keinen andern Unterschied zu ziehen, als den, dass bei Propterus die ersten Strahlen der vordern Rückenflosse sehr lang sind, was dagegen

---

[1] Abh. d. Münchn. Akad. VI S. 66. — Der von Münster angeführte Pr. serratus ist mir unbekannt.

bei Notagogus nicht der Fall ist. Ich bin jedoch jetzt überzeugt, dass dieser Unterschied nur auf dem Erhaltungszustande der Rückenflossen beruht. Sehr häufig sind nämlich diese an ihrem obern Ende verstümmelt und erlangen erst dadurch die Merkmale von Notagogus. In meiner früheren Abhandlung hatte ich gemeint, zwischen beiden Gattungen eine Differenz darin zu finden, dass Propterus eine tief ausgeschnittene Schwanzflosse, Notagogus dagegen eine fast ausgefüllte besitzt; allein auch diese Unterscheidung hat sich jetzt als unrichtig herausgestellt, denn beide haben einen Gabelschwanz.

So habe ich nunmehr die beiden, aus dem lithographischen Schiefer herrührenden Arten von Notagogus mit Propterus vereinigt, während umgekehrt *Thiollière* bei Cirin nur Arten von ersterer Gattung gefunden haben will. Auch die 5 Exemplare, die ich von letzterem Fundorte erhielt, würden nach dem Zustande ihrer Rückenflossen nur zu Notagogus zu zählen sein; da ich jedoch diese Flossen nicht für vollständig annehmen kann, so stelle ich auch diese Exemplare zu Propterus. Die Gattung Notagogus, die ohnediess mit ersterer im Habitus in allen anderen Stücken übereinstimmt, fällt daher bei mir ganz aus; ich will sie nur noch bis zur definitiven Erledigung dieses Streitpunktes als Unterabtheilung einstweilen beibehalten.

a) Die vordern Strahlen der ersten Rückenflosse sehr lang. — *Propterus Ag.*

1. **Pr. speciosus** *Wagn.*

Wagn. in Münchn. Abh. Bd. VI S. 67 tab. 4 fig. 1.

Diese ausgezeichnete Art konnte ich früherhin nur auf ein beschädigtes Exemplar begründen; aus der Eichstädter Sammlung ist uns jetzt ein vollständiges in einer Doppelplatte zugekommen. Die Länge bis zur Mitte der Schwanzflosse beträgt 4" 6'''; die grösste Rumpfbreite 1" 6'''. An diesem Exemplare sieht man, dass die Strahlen der ersten Rückenflosse nur sehr langsam an Grösse abnehmen. Man kann in der ersten Rückenflosse 13 und in der zweiten 12 Strahlen zählen; ausserdem noch einige kleinere vor der ersten. Die Schwanzflosse hat sehr lange Lappen; auch die Afterflosse ist sehr entwickelt.

2. Pr. elongatus *Wagn.*

Beruht auf einem sehr vollständigen, wenngleich aller seiner Schuppen beraubten Exemplare, das von Eichstädt stammt. Es kommt im Wesentlichen mit Pr. speciosus überein, ist aber merklich schmächtiger, denn bei einer Länge von 4" 3‴ ist das Maximum der Breite in der Vorderhälfte nur 1" 3‴, was nach hinten viel schneller abnimmt, als bei Pr. speciosus, so dass der Pr. elongatus ein weit schlankeres Ansehen hat, als eben genannte Art. Die beiden Rückenflossen haben die gleiche Anzahl von Strahlen, wie bei jener Species.

3. Pr. microstomus *Ag.*

Ag. II. p. 296 tab. 50 fig. 6 bis 8. — *Wagn.* Münchn. Abh. VI. S. 66. — *Propterus gracilis. Wagn.* a. a. O. — *Notagogus Zieleni. Ag.* II. p. 293 tab. 49 fig. 1. — *Wagn.* a. a. O. S. 65.

Ein vollständiges Exemplar von Eichstädt darf ich ohne Bedenken zu Pr. microstomus stellen; die tief gespaltene Schwanzflosse zeigt, dass diese Form durchaus allen Arten von Propterus zuständig ist. Gedachtes Exemplar ist bis zur Mitte der Schwanzflosse 3" lang und 1" breit; der grösste Strahl in der ersten Rückenflosse ist 1" 1‴ lang. Die Schuppen sind im hintern Theil rhombisch, im vordern mehr länglich und am hintern Rande fein gezähnelt. — Mit diesem Pr. microstomus muss ich nunmehr wieder verbinden das Exemplar, welches ich als *Pr. gracilis* davon geschieden hatte. Ebenso kann ich in dem Exemplare, auf welchem der *Notagogus Zieleni Ag.* beruht, nichts weiter als ein defektes Exemplar von Pr. microstomus erkennen.

Var. a. Pr. gracilis Wagn. Während ich, wie eben angeführt, das

Exemplar, nach welchem ich den Pr. gracilis aufstellte, jetzt an Pr. microstomus verweisen muss, habe ich dagegen jenen Namen für 2 andere Exemplare, die mir erst neuerdings von Solenhofen zugekommen sind, beibehalten, indess betrachte ich sie doch nur als eine Varietät von Pr. microstomus. Das eine dieser Exemplare ist eine Doppelplatte, die fast die ganze Beschuppung aufbewahrt hat. Die erste Rückenflosse ist ganz weggerissen, dagegen die zweite gut erhalten; ebenso ist vollständig der grosse tief gespaltene Schwanz und die ansehnliche Afterflosse. Die Länge ist 3″, die grösste Breite 8‴. Bei gleicher Länge mit Pr. microstomus ist durchgängig der Rumpf schmächtiger und schlanker; an den Schuppen habe ich nur Spuren von einer Zähnelung wahrgenommen. — Das zweite Exemplar ist nur 2″ 2‴ lang und zeigt noch die beiden Rückenflossen auf. — Das dritte Exemplar von Eichstädt hält in der Grösse das Mittel zwischen den beiden andern.

β) Die vordern Strahlen der ersten Rückenflosse anscheinend kaum verlängert. — *Notagogus Ag.*

4. **Pr. denticulatus** *Ag.*

Notagogus denticulatus. *Ag.* II p. 294 tab. 50 fig. 1 bis 5. — *Wagn.* Münchn. Abhandl. VI S. 65. — *N. Imi montis. Thioll.* ann. de Lyon III, 1 p. 10.

Nachdem ich mich jetzt überzeugt habe, dass auch bei dieser Art die Schwanzflosse gabelförmig ist, und der Umstand, dass die vordern Strahlen der ersten Rückenflosse nicht verlängert sind, wohl nur von ihrer Verstümmlung herrührt, fällt jetzt jeder Grund weg, sie noch länger bei Notagogus zu belassen. Die Aehnlichkeit mit Pr. microstomus ist sogar so gross, dass man sie von letzterem nur dadurch unterscheiden kann, dass bei Pr. denticulatus der Hinterleib weit schmächtiger ausläuft, als bei jenem. Von seinem N. Imi montis von Cirin erklärt Thiollière selbst, dass er dem N. denticulatus ähnlich sei.

X. Macrosemius *Ag.*

Agassiz kannte von dieser Gattung, die von allen verwandten Formen sich schon gleich durch ihren fächerförmigen Schwanz unterscheidet, aus dem lithographischen Schiefer nur eine einzige Art, die er *M. rostratus* benannte. Die Münster'sche Sammlung brachte uns noch eine zweite Art, der ich den Namen *M. latiusculus* gab. Einen neuen Zuwachs lieferte die herzogl. Leuchtenberg'sche Sammlung mit einem Exemplare von M. rostratus von Eichstädt. Noch ansehnlicher war die Vermehrung durch den Ankauf der Häberlein'schen, die uns zwei Doppelplatten von letzterer Art und ein Fragment von einer grossen, neuen Species, von mir als *M. insignis* bezeichnet, zuführte. Mit Hilfe dieses Zuwachses bin ich nunmehr in den Stand gesetzt, zur Charakteristik der Gattung noch einige Merkmale zuzufügen, die Agassiz an den ihm vorliegenden Exemplaren nicht wahrnehmen konnte.

Die ganze Beschuppung besteht aus rhombischen Schmelzplatten, von denen jedoch die in der grösseren hintern Hälfte des Rückens, oberhalb der Wirbelsäule, weit kleiner und daher zahlreicher, als die des übrigen Rumpfes sind. Ferner habe ich an dem Eichstädter Exemplare des M. rostratus eine auffallende Eigenthümlichkeit erkannt, dass zwischen der Afterflosse und dem untern Rande der Schwanzflosse vier grosse, gewölbte, zugespitzte Schuppen hintereinander liegen. Eindrücke von diesen grossen Schuppen sind auch auf den beiden andern Exemplaren von M. rostratus vorhanden, doch zu undeutlich, als dass sie Agassiz hätte erkennen können. Beide Merkmale hatte Thiollière benützt, um seine neue Gattung *Disticholepis* von Macrosemius zu unterscheiden; eine Unterscheidung, die demnach nach diesen Beziehungen nicht mehr haltbar ist. Es bleiben ihm daher zur Begründung seiner neuen Gattung nur noch die beiden andern Merkmale übrig, dass bei Disticholepis die Hinterseite der Strahlen der Rückenflosse mit einer feinen Zähnelung besetzt ist, und dass die hintern Strahlen breiter und mehrmals gespalten sind, was bei Macrosemius nicht der Fall ist.

Ueber die Beschaffenheit der Wirbelsäule lässt sich mit Bestimmtheit sagen, dass sie nicht aus knöchernen Wirbeln besteht; sie muss also eine weiche Rückensaite gewesen sein, ohne dass ermittelt werden konnte, ob sie ganz nackt oder mit knöchernen Halbwirbeln versehen war. Der Schädel ist dadurch ausgezeichnet, dass das Schädeldach stark gewölbt und der Jochbogen mit einer geringeren Convexität langgestreckt nach vorn ausläuft. Der Mund ist sehr klein und mit langen, dünnen, zugespitzten Zähnen besetzt. Die sehr lange Rückenflosse ist mit keinen Schindeln bewaffnet. —

1. **M. insignis** *Wagn.*
Tab. 2.

Es ist nur ein Fragment von Solenhofen, worauf ich diese neue und grosso Art begründet habe. Der Schädel, wenn auch vielfach beschädigt, zeigt doch wenigstens noch seine hauptsächlichsten Conturen. Die Rückenflosse scheint fast ihre ganze Länge aufbewahrt zu haben; gleich hinter ihr ist die Platte abgebrochen und zwar in schiefer, vorwärts laufender Richtung, so dass auch die Bauchflosse mit abgerissen ist; nur die Brustflosse ist noch übrig geblieben. Auch von der Beschuppung ist noch ein Rest längs der Mitte des Rumpfes vorfindlich.

Die Zähne sind cylindrisch mit stumpf kegelförmiger Zuspitzung; die Schuppen rhombisch mit Längsstreifen und feiner Zähnelung am Hinterrande. Die ausserordentlich lange Rückenflosse wird von 39 Flossenträgern gestützt, denen eben so viel Strahlen in der Flosse selbst entsprechen; ausserdem noch ein kleiner Strahl vor den andern; fast dieselbe Zahl scheint bei M. rostratus vorhanden zu sein. Da der letzte Strahl der Flosse, sowie dessen Träger sehr schwach und klein ist, so wird hiemit wohl die Rückenflosse hinterwärts begrenzt sein. Die Strahlen nehmen nach hinten nur sehr wenig an Breite zu und sind sämmtlich an ihren Spitzen abgebrochen. In ihrem untern Theil sind sie einfach, im obern gegliedert. In der vordern Hälfte, wo noch einige Strahlen eine Länge von 15''' aufbewahrt haben (die längsten nur noch

13''') sieht man, dass sie sich zuletzt einfach gabeln; in der hintern Hälfte, wo sie an ihrer Länge mehr eingebüsst haben, zeigen sie sich bloss einfach. Wo sie ihre Knochenmasse verloren haben, verläuft längs der Mitte ein feiner Kiel, der durch die Gliederung der Strahlen ebenfalls gegliedert ist.

	M. insignis.	M. rostratus.
Länge des Schädels	2'' 4'''	1'' 5'''
„ der Rückenflosse . . .	4 10	2 10

In der Grösse würde M. insignis am ersten mit *Distichotepis Fourneti Thioll.*[1] stimmen; allein die Zähnelung auf der Hinterseite der Strahlen der Rückenflosse und deren complicirtere Beschaffenheit trennen letztere Art entschieden von der ersteren.

XI. Histionotus Eg.

Nach einem einzigen Exemplare aus den englischen Purbeckschichten stellte *Egerton*[2] eine neue Gattung *Histionotus* auf, die er durch folgende Merkmale charakterisirte. Rückenflosse hinter dem Nacken beginnend und bis gegen die Schwanzflosse sich erstreckend, am vordern Strahl mit starken Schindeln bewaffnet, und, nach der Abbildung, von geringer, fast gleichförmiger Höhe. Die Rückenlinie anfangs schnell in die Höhe steigend, dann plötzlich nach hinten abfallend; die Schuppen gleichförmig, gezähnelt und wie bei Pholidophorus eingelenkt.

---

1) *Thiollière's Disticholepis Fourneti* ist jedenfalls eine eigenthümliche Art, die bisher in unsern lithographischen Schiefern nicht gefunden wurde; neuerdings hat er ihr noch eine zweite Art als *D. Dumortieri* beigefügt. Er führt aber auch 2 Arten *Macrosemius* von Cirin an, nämlich *M. rostratus Ag.* und *M. Helenae Th.* Von letzterer Art sagt er, dass sie mit der ersten übereinstimme, doch nur halb so gross sei, nämlich 2'' 2½''' lang und 8''' hoch.

2) Memoirs of the geol. survey of the United Kingdom Decade VIII (1855) tab. 5, supplem. p. 1. — Seine Art hat Egerton als *H. angularis* benannt.

Schwanz- und Afterflosse sind nur in Spuren angezeigt; von ersterer vermuthet Egerton, dass sie wie bei Lepidotus, also gabelförmig, gestaltet sein mochte, von letzterer, dass sie sich bis zur Schwanzflosse erstreckt haben dürfte. — Er vergleicht dann seine neue Gattung mit Lepidotus, Ophiopsis, Pholidophorus und Semionotus und weist ihre Differenzen nach, hat aber dabei die Gattung Macrosemius ausser Acht gelassen, die nach der Form der Rückenflosse, des Schädels und der Zähne am allernächsten mit Histionotus verwandt ist und von letzterem nur durch die Ungleichförmigkeit ihrer Beschuppung, den früheren Anfang der Rückenflosse und den Mangel eines Schindelbesatzes an dieser verschieden ist, was allerdings ausreichend ist, um beide Gattungen gesondert zu halten. In der reichen Sammlung des Herrn Gerichtsarztes Oberndorfer in Kelheim habe ich neuerdings 2 Exemplare aufgefunden, welche die Merkmale von Histionotus an sich tragen, und die ich als H. Oberndorferi bezeichne.

1. **H. Oberndorferi** *Wagn.*
Tab. 3.

Von den eben angeführten Exemplaren ist keines vollständig; den am besten erhaltenen fehlt die Schwanzflosse zugleich mit allen untern Flossen und dem hintern Bauchrande, dem andern geht überdiess auch noch der Schädel ab, der in grosser Vollständigkeit vom ersten vorliegt.

Im äussern Körperumrisse stimmt unsere Art ganz mit H. angularis überein. Der Körper ist ziemlich langgestreckt, dabei aber in seinem Vordertheile merklich breit; der Kopf fällt mit seinem obern stark gewölbten Rande abschüssig nach vorn ab und spitzt sich in einem kurzen Munde zu. Hinter dem Schädel steigt die Rückenlinie ziemlich steil in die Höhe und biegt sich dann in ziemlicher Entfernung von diesem plötzlich um, um in fast gerader Linie allmählig hinterwärts abzufallen. An der Ecke dieser beiden Linien erhebt sich die Rückenflosse und zieht in einer Erstreckung über den ganzen Rücken fort, wie diess ebenfalls bei Histionotus angularis der Fall ist. Was aber bei letzterem nicht beobachtet wurde, ist bei dem Kelheimer Exemplare die ausserordentliche Länge und die fahnenartige Ausbreitung des ersten langen Strahles der Rückenflosse. Derselbe erreicht nämlich eine Länge von mindestens 2" 7''', ist sehr stark, anfangs einfach, spaltet sich dann nach und nach der Länge nach in immer feinere, dabei quergegliederte, Strahlen, die durch eine dünne Membran zusammengehalten werden; auf der Vorderseite ist er dicht mit kurzen, aber starken Schindeln besetzt. Schon der zweite Strahl ist beträchtlich kürzer und schmäler, verästelt sich aber in ähnlicher Weise. An den folgenden Strahlen hat sich ihre Länge nicht erhalten; sie geben sich aber ebenfalls als sehr stark und mehrmals zertheilt zu erkennen.

Die Beschuppung ist über den ganzen Rumpf von grosser Gleichförmigkeit, nur dass die Schuppen hinten allmählig kleiner werden. Sie sind vierseitig, weit höher als lang, am hintern Rande fein gezähnelt und von einem dunkelbraunen Schmelze überzogen; ihre Gelenkung ist wie bei Pholidophorus. Schädel und Zähne verhalten sich ganz so wie bei Macrosemius und Disticholepis. Während ich aber bei diesen die Bildung der Kinnladen nicht vollständig zu erkennen vermochte, lässt sich dieselbe an unserer Art mit aller Deutlichkeit wahrnehmen. Es ist nämlich nur der Unterkiefer und der Zwischenkiefer mit Zähnen besetzt; der an letzteren sich anschliessende Oberkiefer von länglicher, platter, in der Mitte eingezogener, hinten abgerundeter Form ist ganz zahnlos.

Länge des Körpers in gerader Linie mindestens . . 7" 0'''
„ des Schädels 2 2
Grösste Rumpfbreite ohngefähr 2 7
Abstand der Rückenflosse vom Schädel ohngefähr . . 1 7

Wenn ich abseho von der enormen Länge und der fahnenartigen Ausbreitung des ersten Strahles in der Rückenflosse, so finde ich an unsern Exemplaren von Kelheim all die Merkmale, durch welche sich H. angularis von Macrosemius und Disticholepis unterscheidet, so dass ich nicht zweifle, dass am englischen Exemplare die Rückenflosse eben so stark verstümmelt wurde, wie diess auch bei unserem zweiten Individuum der Fall ist. Egerton's Vermuthung, dass bei seinem H. angularis die Schwanzflosse gabelförmig und die Afterflosse langgestreckt gewesen sein möchte, ist sicherlich irrig, da die Uebereinstimmung mit Macrosemius zu gross ist, als dass nicht Gleichförmigkeit in der Bildung dieser Flossen erwartet werden dürfte. Uebrigens ist unser H. Oberndorferi dem H. angularis sehr ähnlich, nur merklich grösser. Auch bei Cirin hat Thiollière diese Form aufgefunden und identificirt sie geradezu mit dem H. angularis von Purbeck.

b) Rückenflosse gewöhnlich höchstens die Hälfte des Rückens einnehmend; Kopf vorn abgestumpft.

XII. Ophiopsis *Ag.*

Die wichtigsten Merkmale, durch welche Agassiz diese Gattung charakterisirte, bestehen darin, dass der Leib langgestreckt ist, die Beschuppung fast durchgängig gleichförmig, die Rückenflosse von der Länge des halben Rückens, aber nicht sonderlich hoch, und die Bauchflossen der Mitte der Rückenflosse gegenüber gestellt. Zu dieser Charakteristik habe ich zu bemerken, dass man von der Rückenflosse bisher nur defekte Vorlagen hatte; in ihrem vollständigen Zustande, wie ich sie jetzt nach 3 Exemplaren kenne, sind die ersten Strahlen ausserordentlich lang, verkürzen sich aber rasch im weiteren Verlaufe. Die Rücken- wie die Schwanzflosse sind mit Schindeln besetzt; letztere ist mehr oder minder ausgeschnitten und ihr oberer Lappen weithin beschuppt. Brust- und Bauchflossen sind ebenfalls ziemlich gross, die Afterflosse dagegen ziemlich klein. Der Kopf ist kurz und beide Kinnladen mit feinen Zähnen einreihig besetzt. Die Gattung Ophiopsis grenzt sehr nahe an diejenigen Arten von Pholidophorus an, die ebenfalls langstreckig und gleichförmig beschuppt sind; man kann sie jedoch immer dadurch unterscheiden, dass bei letzteren die Rückenflosse kurz ist und erst gegenüber dem Vorderrande der Bauchflosse beginnt, während bei Ophiopsis die Rückenflosse lang ist, so dass sie sowohl mit ihrem vordern als mit ihrem hintern Ende über die Bauchflosse hinausgreift, welch letztere nur dem Mitteltheil der Rückenflosse gegenüber steht.

Agassiz kannte aus unserem lithographischen Schiefer nur 2 Arten: *Oph. Münsteri* und *procera*, denen ich eine dritte als *Oph. serrata* beifügte; jede nur durch ein einziges Exemplar in der hiesigen Sammlung vertreten. Durch die neuen Erwerbungen sind weiter 2 Exemplare, jedes in einer Doppelplatte, hinzugekommen; das eine habe ich als besondere Varietät (*Oph. aequalis*) an *Oph. procera* angereiht, für das andere eine eigene Art, *Oph. intermedia*, errichtet. Ferner muss ich jetzt Münster's *Pholidophorus tenuiserratus* von Pholidophorus getrennt und an Ophiopsis verwiesen werden. Endlich hatte ich in der Sammlung des Herrn Dr. Oberndorfer Gelegenheit, noch 2 Exemplare von Oph. serrata zu sehen, die weit besser als das unserige erhalten sind. Auch von Cirin führt Thiollière 2 Arten auf, wovon er die eine als *Oph. macrodus* benannte. Zu den Beschreibungen der neuen Arten füge ich einige Bemerkungen über die bereits publicirten bei.

1. Oph. Münsteri *Ag.*

Ag. II b p. 289. — *Wagn.* Münchn. Abh. VI S. 60.

Unter allen Arten die grösste, zugleich aber auch die schlankeste von fast schlangenartiger Form. Von Kelheim.

2. Oph. procera *Ag.*

Ag. II p. 289 tab. 48 fig. 1. — *Wagn.* Münchn. Abh. VI S. 60.

Kürzer und untersetzter als vorige Art; nach der ganzen Leibesform sehr ähnlich der Oph. serrata, von dieser aber dadurch unterschieden, dass alle Schuppen dicker und am Hinterrande ungezähnelt sind. Von Solenhofen.

3. Oph. serrata *Wagn.*

α) *Var. major. Oph. serrata Wagn.* Münchn. Abh. VI S. 62.
β) *Var. minor. Pholidophorus tenuiserratus Münst.* Ag. II p. 276 tab. 42 fig. 4; tab. 38 fig. 3?

Von der *Oph. serrata*, die mir anfänglich nur nach einem mangelhaften Individuum bekannt war, habe ich nunmehr in der Sammlung des Herrn Dr. *Oberndorfer* 2 Exemplare vorgefunden, die nicht bloss grösser, sondern auch weit besser erhalten sind, als das unsere, welches von seiner Rückenflosse nur noch den unteren Theil aufbewahrt hat. An den beiden neuen Exemplaren, zumal an dem grösseren, zeigt es sich nun, dass diese Flosse keineswegs im ganzen Verlaufe niedrig bleibt, sondern dass im Gegentheil die ersten Strahlen ungemein lang sind, in der weitern Erstreckung aber bald sich verkürzen. Die Schwanzflosse ist stark ausgeschnitten. Am kleineren dieser beiden Exemplare sind die Schuppen deutlich gezähnelt; am grösseren zeigen sich neben den gezähnelten Schuppen viele fast ungezähnte, wahrscheinlich weil bei letzteren der dünne Hinterrand abgebrochen ist. Die Länge des grössten Exemplares beträgt bis zur Mitte der Schwanzflosse 8″ 7‴, die grösste Rumpfbreite 2″ 2‴, die Länge des ersten langen Strahles der Rückenflosse fast eben so viel.

Mit dem *Pholidophorus tenuiserratus Münst.*, der nach der Länge seiner Rückenflosse zu Ophiopsis gehört, hat es eine eigene Bewandtniss. Die beiden Exemplare der Münster'schen Sammlung nämlich, nach welchen Agassiz die citirten Abbildungen lieferte, fand ich in derselben nicht mehr vor, sie waren aber unter gleichem Namen durch zwei andere, ebenfalls von Kelheim stammende, ersetzt. Indess dieser Umtausch war kein glücklicher, denn wenn auch Münster bessere Exemplare einlegte, so gehörten diese doch nicht mehr zu gleicher Art, sondern ich habe daraus eine neue als *Oph. attenuata* errichtet. Denn abgesehen von Fig. 3 tab. 38, was nur ein hinteres Körperstück darstellt, und daher zur sicheren Bestimmung nicht ausreichend ist, sieht Fig. 4 tab. 42

durch plumpere Gestalt weit eher einer jungen Oph. serrata, als unserer schlanken Oph. attenuata ähnlich. Da mir das Original-Exemplar von Oph. tenuiserrata zur Vergleichung nicht zu Gebote stoht, dasselbe aber, wie die Abbildung zeigt, in seinen Conturen sehr beschädigt ist, so erachte ich es nicht für ausreichend, um darauf den Typus einer besondern Art zu begründen, sondern reihe es einstweilen an Oph. serrata an, von der es sich durch geringere Grösse und minder robuste Form unterscheidet, sonst aber ihr sehr ähnlich ist.

4. Oph. attenuata *Wagn.*

Ich stelle diese Art nach 2 schönen Exemplaren auf, von denen ich das grössere als *Var. major*, das andere als *Var. minor* bezeichne.

Die grössere Varietät beruht auf den grösseren von den beiden Exemplaren, die Münster gegen die älteren von Oph. tenuiserrata umtauschte, wobei ich jedoch das kleinere Individuum als zu defekt ganz ausser Acht lasse. Das grössere Exemplar ist, obwohl ihm Kopf nebst Brust- und Bauchflosse fehlen, doch im Uebrigen sehr gut aufbewahrt. Der Körper ist von langstreckiger, jedoch im Vordertheil etwas gewölbter, hinten aber sehr schlanker Form. Die Beschuppung ist höchst gleichförmig, indem fast alle Schuppen gleiche Grösse und Form haben und kleine, in sehr regelmässige Reihen geordnete Rauten darstellen. Sie haben eine starke Schmelzlage, sind glatt und am hintern Rande, der sehr fein gezähnelt ist, schief abgeschnitten; auf der Unterseite haben sie einen deutlichen Kiel, der jedoch nicht in der Mitte, sondern nahe am Hinterrande sich findet. Die Rückenflosse ist ganz vom Typus der Gattung Ophiopsis, nämlich ungewöhnlich hoch und lang, indem sich wenigstens 22 Strahlen zählen lassen. Die vordern sind sehr lang, sichelförmig gekrümmt und dicht aneinander gedrängt; nach rückwärts nehmen sie immer mehr an Höhe ab und stehen weiter auseinander. Der lange Randstrahl ist dicht mit Schindeln besetzt und vor ihm finden sich noch etliche kürzere Strahlen. Die Rückenflosse beginnt schon in der Mitte zwischen den Brust- und Bauchflossen und endet gegenüber kurz vor der Afterflosse. Die Schwanzflosse ist ziemlich tief gespalten. Die ganze Länge des grösseren Exemplares bis zur Schwanzmitte mochte 6¼''' betragen; die grösste Rumpfbreite ist 1'' 6'''; die Rückenflosse ist 1'' 9''' lang und am Vorderrande fast 1½''' hoch. Dieses Exemplar stammt von Kelheim. Durch die gestrecktere Gestalt und insbesondere durch die weit schlankere Form des Hinterleibes unterscheidet sich Oph. attenuata erheblich von Oph. serrata und Oph. tenuiserrata.

Die kleinere Varietät beruht auf dem sehr vollständigen Exemplare, das von Eichstädt stammt, und dem Herrn Hofrath Dr. *Fischer* dahier angehört. Ausser seiner geringeren Grösse und etwas schmächtigeren Form kommt es ganz mit dem grösseren Exemplare überein. Ober- und Unterkiefer sind mit sehr feinen, spitzen Zähnen dicht gedrängt besetzt.

5. Oph. aequalis *Wagn.*

Nach einem, in einer Doppelplatte vorliegenden und sehr wohlerhaltenen Exemplare von Eichstädt aus der ehemaligen herzogl. Leuchtenberg'schen Sammlung habe ich diese Art aufgestellt, die sowohl mit Oph. serrata als mit Oph. attenuata in näherer Beziehung steht. Von beiden unterscheidet sie sich indess schon dadurch, dass sie hinterwärts nur sehr allmählig an Breite abnimmt, indem die Rückenlinie fast gerade abfällt, während sie bei jener im Vordertheil bauchig ist; ausserdem von Oph. serrata noch dadurch, dass sie schmäler und langstreckiger ist, und von Oph. attenuata, dass der Rumpf sich nicht plötzlich verschmälert, sondern ganz allmählig an Breite abnimmt. Mit beiden Arten hat sie noch gemein, dass die Schuppen, wenn sie gut erhalten, ebenfalls einen feingezähnelten Hinterrand zeigen. — Die Rückenflosse hat sich nach ihrer ganzen Länge, nicht aber nach ihrer vollen Höhe erhalten. Am kurzen dicken Schädel ersieht man, dass nicht bloss der Zwischenkiefer, sondern auch der Oberkiefer nebst dem Unterkiefer mit einer Reihe kleiner, spitzer Zähne besetzt ist. Die ganze Länge bis zur Mitte der Schwanzflosse beträgt 7″, die grösste Rumpfbreite 1″ 8‴; die Länge der Rückenflosse, an der man gegen 30 Strahlen zählt, 2″ 7‴.

6. Oph. intermedia *Wagn.*

Die Doppelplatte, welche mir Veranlassung zur Aufstellung dieser neuen Art gab, stammt aus der Häberlein'schen Sammlung und ist ein im Ganzen wohlerhaltenes Exemplar. An Grösse steht diese Art den andern beträchtlich nach, hat aber deren Habitus. Der Kopf ist kurz und hinten breit, der Leib vorn ziemlich stark und nimmt nur sehr allmählig nach hinten an Breite ab. Die ganze Beschuppung ist erhalten; die Schuppen sind klein, rhombisch, glatt, hinten fein gekerbt und nur wenig höher als lang und über den ganzen Rumpf fast gleich gross, mit Ausnahme des Bauchrandes zwischen den Brust- und Bauchflossen, wo sie allmählig länger als hoch werden. Am stärksten ist die Rückenflosse entwickelt, die gegenüber der Mitte zwischen den Brust- und Bauchflossen beginnt und über der Afterflosse endigt. Leider ist ihre Contur beschädigt; so, wie sie sich jetzt darstellt, erheben sich die vorderen Strahlen weit mehr in die Höhe als die hinteren und das Aufhören der letzteren ist nicht scharf angezeigt. Die Schwanzflosse ist nicht sehr tief ausgeschnitten, in ähnlicher Weise wie bei den andern Arten. — Die Länge bis zur Mitte der Schwanzgabel ist 4″ 7‴, die der Rückenflosse 1″ 4‴, die grösste Rumpfbreite 1″ 1‴. — Ist eine Mittelform zwischen Oph. aequalis und attenuata; von ersterer verschieden durch den gewölbten Rücken, von letzterer durch die gedrängtere Form und die geringere Verschmächtigung der hintern Rumpfhälfte.

7. Oph. altivelis *Wagn.*

Nur mit erheblichen Bedenken kann ich vor der Hand eine neue Art in diesem Exemplare ankündigen, da ihm die ganze Vorderhälfte des Körpers fehlt und von ihm nichts weiter als der Hinterleib, nebst der Rücken-, Schwanz- und einer Spur der Afterflosse vorliegt, was zur sichern Artbestimmung nicht ausreicht. Am nächsten schliesst sich dieses Exemplar an Oph. attenuata var. major an, unterscheidet sich aber durch die weit längeren ersten Strahlen der Rückenflosse und den minder schmächtigen Hinterleib. Die Länge vom ersten Strahl der Rückenflosse bis zum Anfang der Schwanzflosse beträgt ohngefähr 3″ 4‴. Von Kelheim.

XIII. Pholidophorus *Ag.*

Diese Gattung enthält Arten von mittelmässiger oder geringer Grösse mit mehr oder minder gestreckter Leibesform. Die Schuppen sind rhomboidal mit starkem Schmelzbeleg; auf der Unterseite zeigt jede oben einen vorspringenden Zacken, unten eine Aushöhlung zur Gelenkung mit der nächst höhern und tiefern Schuppe. Von den Flossen erreicht nur die Schwanzflosse eine bedeutende Entwicklung; sie ist tiefgabelig ausgeschnitten, an beiden Aussenrändern dicht gedrängt mit Schindeln besetzt, die Strahlen sind kurz und gerade gegliedert, die äussern spärlich, die innern vielfach gespalten und dadurch in seine Fäden aufgelöst. Die andern Flossen haben eine geringe Grösse und die Rückenflosse steht gegenüber den Bauchflossen; Schindeln sind, ausser denen der Schwanzflosse, wenigstens noch an der Rücken- und Afterflosse vorhanden. Die Kiefer sind kurz und die Mundspalte ist etwas aufwärts gerichtet. Die kleinen, feinen, spitzen Zähne sind selten erhalten, so dass die Kiefer meist ganz zahnlos; an den kleinern Arten sind sie meist deutlicher wahrnehmbar, als an den grössern. Die Beschaffenheit der Rückensäule ist erst neuerdings genau durch *Heckel*[1] erörtert worden, obwohl sie Agassiz bereits für den Ph. Bechei aus dem Lias angegeben hatte. Letzterer sagt nämlich von einem Exemplare

---

1) Sitzungsberichte der Wiener Akad. Juliheft 1850.

desselben Folgendes: „Ich habe mich überzeugen können, dass die Wirbelkörper nicht vollständig knöchern sind; die verknöcherte Partie ist lediglich auf der Aussenfläche und bildet eine Art Scheide um die Mitte der Wirbel, dergestalt dass die Fragmente der auf dieser Platte verstreuten Wirbelkörper wie Segmente von Cylindern erscheinen." Heckel zeigte nun weiter an einem von Eichstädt stammenden Exemplare der Münster'schen Sammlung, von dem die Wirbelsäule nebst dem Schwanze vollständig erhalten ist [1], dass die welche Rückensaite von eigenthümlichen hufeisenförmigen Halbwirbeln umgeben ist, und zwar in der Weise, dass jeder untere über den ihm gegenüber stehenden oberen noch etwas hinaufgreift. Dadurch entsteht allerdings eine fortlaufende Reihe von Wirbeln, die aber nicht solid, sondern innerlich hohl sind und von denen überdiess jeder aus zwei Stücken, einem obern und einem untern, besteht. Diese Construction der Wirbelsäule kann freilich wegen Gebrechlichkeit solcher Hohlwirbel bei den meisten Exemplaren nicht erkannt werden, doch haben wir neuerdings noch einige erhalten, wo sie sich sehr deutlich darstellt, namentlich an einem kleineren Exemplare von Ph. macrocephalus.

Obwohl von der Gattung Pholidophorus an sehr verschiedenen Punkten der lithographischen Schiefer, bei uns wie bei Nuspliugen und Cirin, Ueberreste gefunden werden, so sind sie doch keineswegs so häufig, als gewöhnlich geglaubt wird; selbst die reichen Leuchtenberg'schen und Häberlein'schen Sammlungen haben in dieser Beziehung keine sonderlich beträchtliche Vermehrung des älteren Bestandes des hiesigen Museums herbeigeführt. Agassiz hat von dieser Gattung 15 Arten auf-

---

[1] Ausser den beiden genannten Stücken und dem zertrümmerten Schädel fehlt am gedachten Exemplare alles Uebrige vollständig, so dass es nicht mit Sicherheit bestimmt werden kann. Nach der Grösse schliesst es sich an die grösseren Arten von Pholidophorus; Münster hat es als *Ph. obscurus* etikettirt.

gezählt, worunter 10 von ihm abgebildet, die 5 andern nur kurz charakterisirt sind. Ich habe hiebei bemerklich zu machen, dass ich zwei dieser Arten, nämlich den, *Ph. radiopunctatus* und *Ph. maximus*, obwohl sie zu den grössten gehören, und nach der Angabe von Agassiz von Solenhofen stammen, in der hiesigen Sammlung nicht habe auffinden können. Ich muss mich daher begnügen, hinsichtlich dieser beiden Arten lediglich auf die kurzen Angaben von Agassiz zu verweisen und erwähne nur noch, dass sie sich durch den Körnerbesatz ihrer Schuppen sehr auffallend von allen andern, die einen solchen nicht haben, unterscheiden. Den *Ph. tenuiserratus* habe ich zu Ophiopsis, den *Ph. (Nothoromis) laevissimus* zu Pleuropholis verwiesen.

†) Grosse, robuste Arten mit ungleichförmiger Beschuppung.

1. **Ph. macrocephalus** *Ag.*

a) *Ph. macrocephalus. Ag.* II p. 274, b. 288 tab. 40.
b) *Ph. uraeoides. Ag.* II p. 287, b. 288.
c) *Ph. latus. Ag.* II p. 278 tab. 41.

Nach zahlreichen, mir vorliegenden Exemplaren sehe ich mich genöthigt, 3 Arten gleicher Grösse zu vereinigen, für welche ich keine Merkmale zur Sonderung zu ermitteln vermag. Agassiz gab von ihnen folgende Charakteristik. 1) *Ph. macrocephalus;* Schuppen mit spärlichen (8 bis 10) Streifen, die vom Mittelrande aus hinterwärts verlaufen; Hinterrand glatt und ungezackt. — 2) *Ph. uraeoides;* Schuppen gross, mit divergirenden Strahlen, Hinterrand durch die Streifung etwas ausgezackt. — 3) *Ph. latus*, zeichnet sich auch durch die beträchtliche Breite der vordern Leibeshälfte aus. — Diese von Agassiz angegebenen Differenzen beruhen nur auf verschiedenen Zuständen in der Erhaltung der Exemplare.

Bei guter Erhaltung zeigt diese Art einen kurzen, aber hinten sehr breiten Kopf, dessen Kiefer nach vorn stark convergiren und zugleich sich sehr zuspitzen. Auch der Rumpf beginnt vorn ansehnlich breit und verschmälert sich nur langsam nach hinterwärts. Von den Flossen zeigt keine eine besondere Grösse. Die Schuppen sind in der vordern Leibeshälfte merklich höher als lang, nehmen aber in der hintern immer mehr an Höhe ab; sie sind von mehr oder minder feinen, rückwärts verlaufenden Streifen durchzogen, die erst am Hinterrande enden und denselben schwach gekerbt erscheinen lassen. Sehr häufig sind die Schuppen abgewetzt oder entblättert, und ihr hinterer Rand nicht selten abgebrochen; die Innenseite ist immer glatt. Nicht oft trifft man diesen Fisch in seiner normalen Gestaltung; am meisten nähert sich dieser noch an der von Agassiz abgebildete *Ph. latus*, wo nur die vordere Rumpfhälfte durch Verdrückung eine übermässige Breite zeigt. Gewöhnlich sind aber die einzelnen Partien, zumal des Kopfes, auseinander gerissen und geben dann dem Fische einen unförmlichen Habitus. Zähne habe ich noch nicht wahrgenommen, ausser einmal im Zwischenkiefer. Zwischen den beiden Arten von Agassiz, dem *Ph. macrocephalus* und *uraeoides*, finde ich keinen andern Unterschied, als dass bei letzterem die Schuppen und daher auch die Streifung besser conservirt ist, als bei ersteren. — Unter allen Arten von Pholidophorus ist diese die grösste und die häufigste, namentlich bei Solenhofen und Eichstädt. Ihre Länge beträgt 10—14"; sinkt die Grösse unter dieses Maass, so haben wir 2 andere Arten vor uns: den *Ph. striolaris Münst.* und den *Ph. Taxis Ag.*

1. a. **Ph. striolaris** *Münst.*

Ag. II p. 277 tab. 38 fig. 4. — *Ph. Taxis. Ag.* p. 287 b. p. 288.

Schon Agassiz sprach die Vermuthung aus, dass *Ph. striolaris* und *Taxis* zu einer Art gehören möchten, was die violen Exemplare, die hier von denselben vorliegen, nicht bloss bestätigen, sondern überdiess es noch zur Gewissheit bringen, dass beide wohl nichts weiter als jüngere, desshalb kleinere Individuen von Ph. macrocephalus sind, mit welchem sie in allen anderen Stücken vollkommen übereinstimmen. Ihre Grösse schwankt von 6—9"; der Fundort ist der nämliche.

2. Ph. radians *Ag.*

Ag. II p. 287, b. p. 288. — *Caturus intermedius Münst.* Jahrb. 1812 S. 44.

Verwandt mit Ph. macrocephalus unterscheidet Agassiz diese Art dadurch, dass ihre Schuppen, zumal an der Seitenreihe, noch höher sind und ihre Streifen in allen Richtungen, nicht bloss nach hinten, ausstrahlen. Ich füge hinzu, dass ihre Schuppen auf dem Rücken und in der hintern Bauchhälfte merklich kleiner werden, und dass Kopf und Vorderleib schmächtiger sind, als bei ersterer Art. Die Beschuppung ist röthlichbraun oder fahlgelb mit lebhaftem Glanze, meist mit lichterer Einsäumung der Ränder. Nach der Breite oder vielmehr nach dem Grade der Verflachung des Leibes gibt es breitere oder schmälere Formen; so z. B. ist bei zwei Exemplaren, die gleiche Länge von 11" haben, der Rumpf des einen 2" 8''', der des andern 3" 2''' breit. — *Münster's Caturus intermedius*, von dem er bloss angibt, dass der Körper schmal und die glatten Schuppen gross sind, gehört ebenfalls hieher; die Beschuppung zeigt sich nur von ihrer Innenseite und ist desshalb glatt. — Die Fundorte des Ph. radians sind Langenaltheim, Solenhofen, Eichstädt, Weltenburg und Kelheim.

††) Mittlere Arten mit sehr hoher, sichelförmiger Rückenflosse.

3. Ph. falcifer *Wagn.*

In der Münster'schen Sammlung fand ich dieses von Kelheim stammende Exemplar als *Caturus ovatus* etikettirt vor. Dieser Gattung kann er jedoch nicht angehören, weder wegen der Art der Beschuppung, noch nach der Richtung der hintern Dornfortsätze. Die Schuppen nämlich, die sich fast durchgängig nur von ihrer Innenseite präsentiren, sind länglich viereckig und jede greift mit einem vordern Zacken in eine entsprechende Ausfurchung der ihr zunächst obern Schuppe ein; ferner liegen die hintern Dornfortsätze nicht aufeinander, sondern sie halten sich, obwohl stark rückwärts geneigt, doch von der Wirbelsäule weit entfernt. Es sind diess zwei Merkmale, welche die Gattung Caturus ganz ausschliessen, wohl aber auf Pholidophorus oder eine demselben nahe verwandte Gattung hinweisen. — Dem Exemplare fehlt der Kopf und die Brustflossen, ist aber sonst wohl erhalten. Es zeichnet sich in auffallender Weise aus durch seine breite ovale Form, wie durch seine hohe Rückenflosse. Die ersten langen Strahlen derselben sind nicht bloss sehr lang, sondern auch sichelförmig gekrümmt; anscheinend ist sie sehr kurz, vielleicht dass ihr ein Theil ihrer hintern Erstreckung fehlt. Sie beginnt schon vor den Bauchflossen und ihr erster langer Strahl ist mit Schindeln besetzt. Die Schwanzflosse ist sehr gross und tief gespalten, mit weit auseinander gesperrten Lappen, die auf der Aussenseite, gleich den ziemlich stark entwickelten Bauchflossen, einen starken Schindelbesatz tragen.

Länge vom Hinterrande des Kopfes bis zur Mitte der Schwanzflosse	5" 0'''
Breite des Rumpfes fast	2 0
Höhe der Rückenflosse nach ihrer Krümmung	1 10
Breite derselben	0 9
Länge eines Schwanzlappens	2 6

Es lässt sich nicht läugnen, dass dieses Exemplar so viel Fremdartiges für einen Pholidophorus zeigt, dass eine Verweisung an diese Gattung nicht naturgemäss erscheint. Man möchte auf einen verstümmelten Propterus rathen, doch müsste alsdann die Rückenflosse weiter vorgerückt sein. Bis vollständigere Exemplare aufgefunden werden, mag dieser Art hier ein provisorisches Unterkommen gewährt werden.

†††) Kleinere schmächtige Arten von gleichförmiger Beschuppung.

4. Ph. brevivelis *Wagn.*

Zwei Doppelplatten von Eichstädt, von denen besonders das eine Paar vortrefflich ist, bestimmen mich, eine neue Art aufzustellen, die zwar hinsichtlich der Grösse, der Leibesform, der ganzen Beschaffenheit der Beschuppung, der Form der Schwanzflosse und in der ansehnlichen Entwicklung der Brustflosse sehr mit Ophiopsis attenuata übereinstimmt, aber durch eine nur halb so grosse und bloss die Mitte des Rückens einnehmende Rückenflosse sich auffallend unterscheidet. Man zählt an ihr bei beiden Exemplaren nicht mehr als höchstens 10 lange Strahlen, und es werden ihrer auch nicht viel mehr gewesen sein, indem der vordere Rand der Flosse vollständig erhalten ist und am hintern nicht leicht ein merklicher Defekt zu vermuthen ist. — Die Länge beträgt 6″, die Breite 1″ 3‴; die Rückenflosse ist höchstens 10‴ lang und vorn ohngefähr eben so hoch. Die Brustflossen sind fast 1″ lang.

5. Ph. longiserratus *Münst.*

Ag. II p. 277 tab. 38 fig. 2.

Unterscheidet sich von Ph. tenuiserratus und brevivelis durch geringere Grösse, verhältnissmässig längeren Kopf und insbesondere durch die starken, wenn auch nur spärlichen Zacken am Hinterrande der Schuppen. Ueberdiess sind die Schuppen in der untern Hälfte des Vorderrumpfes verhältnissmässig länger und die Rückenflosse ist etwas mehr zurückgesetzt; letztere entspricht in ihrer Grösse der des Ph. brevivelis und lässt 11 bis 12 Strahlen zählen. Die Brustflosse ist verstümmelt; in den Kiefern zeigen sich feine Zähne. — Die Länge ist 4″ 3‴, die Breite vor der Rückenflosse nicht ganz 1″. Die Sammlung besitzt von dieser Art nur das einzige Exemplar von Kelheim.

6. Ph. elongatus *Wagn.*

Die Häberlein'sche Sammlung hat uns in einer Doppelplatte eine neue Art überliefert, die sich sowohl durch ihre schlanke Leibesform, als durch die Beschaffenheit ihrer Beschuppung sehr auszeichnet. Der Schädel ist ganz zertrümmert, lässt aber dadurch um so deutlicher wahrnehmen, dass Unter-, Ober- und Zwischenkiefer mit zahlreichen dünnen, spitzen und gleich langen Zähnen in einfacher Reihe besetzt sind. Der Rumpf ist sehr langstreckig und nimmt nach hinten allmählig an Breite ab. Die Schuppen sind klein, glatt, am Hinterrande sehr fein gezähnelt und, was am meisten charakteristisch, in der untern Rumpfhälfte (in der Region zwischen den Brust- und Bauchflossen) werden sie so schmal, dass sie fast dreimal so lang als hoch sind, was an Eugnathus erinnert. Die Rückenflosse ist klein und steht den Bauchflossen gegenüber; die Brustflossen sind abgerissen [1]. — Muthmassliche Länge 4" 6''', Breite vor der Rückenflosse 11'''.

7. Ph. Isttmanus Ag.

Ag. II p. 280 tab. 43.

Zu den Münster'schen Exemplaren sind neuerdings noch mehrere von Eichstädt hinzugekommen. Diese Art zeichnet sich aus durch die Zurücksetzung der Rückenflosse, die grosse Annäherung der Bauchflossen an die Afterflosse, durch die Grösse der Brustflossen, die grosse Gleichförmigkeit der Beschuppung und durch eine gedrängtere, im Vor-

---

1) Eine ähnliche Form ist der *Ph angustus*, den *Münster* im Jahrb. f. Min. 1842 S. 43 aufführt und durch seine schmale Form und unverhältnissmässig lange und schmale Brustflosse charakterisirt. Obwohl dieses, von Mörnsheim stammende Exemplar ohne Kopf nicht ganz 3" lang ist, erreicht doch der erste grosse Strahl der Brustflosse eine Länge von 11'''. Da dem Pb. elongatus letztere Flosse fehlt, so kann in dieser Beziehung keine Vergleichung vorgenommen werden. Mit Ausnahme einiger Schuppen am Hinterrumpfe fehlt die ganze übrige Beschuppung, doch könnte sie wohl mit der des Ph. elongatus übereinstimmend gewesen sein. Da der Name Ph. angustus von Agassiz an eine andere Art vergeben wurde, so hat Giebel den Münster'schen durch den von *Ph Münsteri* ersetzt. …

dertheil breitere Leibesgestalt als die vorhergehenden Arten. Die Schuppen sind klein, glatt, am hintern Rande fein gezähnelt, rautenförmig, gegen die Bauchseite der vordern Rumpfhälfte hin aber sich merklich verschmälernd; die Rückenflosse ist von mittlerer Grösse. Man kann 2 Varietäten unterscheiden: eine *kleinere* und etwas untersetztere von 3" 4 bis 6''' Länge, und eine *grössere*, bei der zugleich die Zurücksetzung der Rückenflosse merklicher hervortritt, von 4" 7 bis 10'''.

††††) Kleinere Arten, längs der Mitte mit Schuppen, die höher als lang sind.

8. Ph. microps *Ag.*

Ag. II p. 275 tab. 38 fig. 1.

Die Leibesform ist langgestreckt und schmächtig; die Rückenflosse mittelgross und ihr Vorderrand mit Schindeln besetzt, wie solche auch die Schwanzflosse zeigt. Die Schuppen sind klein und rhombisch, mit Ausnahme von 2 bis 3 Reihen längs der Mitte des Vorderrumpfes, wo sie höher als lang sind; ihr Hinterrand ist furchig und gezackt. Länge 4" 7''', Breite ohngefähr 11'''. Von Solenhofen.

9. Ph. micronyx *Ag.*

Ag. II p. 279 tab. 42 fig. 1. — *Ph. intermedius Münst. Ag.* p. 279 tab. 42 fig. 3.

Die Beschuppung ist ähnlich der von Ph. microps, aber die Leibesform ist gedrängter und weit breiter, daher ein ganz anderer Habitus. Die grössten unserer Exemplare sind 4" 4''' lang und 1" 3''' breit. — *Ph. intermedius Münst.* beruht nur auf einem sehr mangelhaften Exemplare, das keine Erwähnung verdient hätte und wahrscheinlich zu Pb. micronyx gehörig ist, mit welchem es den gleichen Fundort, Kelheim, theilt.

10. Ph. ovatus *Wagn.*

Zu dem Maximum der Breite in dieser kleinen Gruppe gelangt die neue Art, die ich mit dem Namen Ph. ovatus bezeichne, weil sie eine auffallend bauchig ovale Gestalt hat, wodurch sie sich von allen andern Arten gleich beim ersten Anblick unterscheidet. Wir besitzen davon 3 Exemplare: eines aus den Steinbrüchen von Eichstädt in der herz. Leuchtenberg'schen Sammlung und zwei andere in Doppelplatten aus der Häberlein'schen. Ersteres hat die regelmässigste Gestalt und dient daher als Typus zur Erkennung der Leibesform. Die Unterseite dieses Exemplares ist nur schwach convex, dagegen seine Oberseite stark gewölbt und diese Wölbung läuft vorn in gleicher Richtung längs des Schädeldaches herab. Der Kopf ist hinten ziemlich breit und geht nach vorn in eine stumpfe Spitze aus. Die beiden andern Exemplare sind etwas gekrümmt und dadurch ist auch bei dem einen, das übrigens seine Beschuppung schön aufzeigt, der Bauch zu stark aufgetrieben. Rücken- und Afterflosse ist bei allen nicht mehr vorhanden, die Schwanzflosse verstümmelt, die ziemlich gut conservirten Brust- und Bauchflossen sind klein. Die Schuppen der ganzen Oberhälfte des Rumpfes, nebst der vordern Hälfte des Unterleibes sind höher als lang; am höchsten sind sie in der Längsreihe, auf welcher die Seitenlinie verläuft. Auf der übrigen Rumpfpartie werden die Schuppen mehr gleichseitig rhombisch, indem sie zugleich merklich kleiner werden. Man kann 9 bis 10 Längsreihen von Schuppen zählen; sie sind fein gestreift und an ihrem Hinterrande fein gezähnelt. — Die Länge vom Schnauzenende bis zum Begion der Schwanzflosse beträgt beim kleinsten Exemplare 6'', beim grössten 6'' 9'''; die Rumpfbreite 1'' 11''' bis etwas über 2''.

XIV. Pleuropholis *Eg.*

Egerton hat nach Exemplaren aus den englischen Purbeckschichten eine neue Gattung *Pleuropholis* aufgestellt, die er in folgender Weise charakterisirt. Körper schlank und mehr oder weniger spindelförmig, Kopf klein, Schuppen längs der Seiten eine einzige Reihe ausmachend; Rückenflosse der langen Afterflosse gegenüber gestellt, Schwanzflosse gabelförmig. — Es sind lauter kleine Fische, von denen Egerton 4 Arten aus den Purbeckschichten und eine fünfte aus dem lithographischen Schiefer von Kelheim aufführt. Auch Thiollière hat neuerdings 2 Arten bei Cirin aufgefunden.

1. Pl. laevissima *Ag*

Pholidophorus (Nothosomus) laevissimus. Ag. II p. 292. — *Wagn.* Münchn. Abh. VI S. 63. — *Pleuropholis laevissimus Egert.* Mem. of the geol. Survey, of the united Kingdom; decade IX (1858) p. 3 tab. 7 fig. 3.

Es existirt von dieser Art nur ein einziges, aus der Münster'schen Sammlung stammendes und bei Eichstädt gefundenes Exemplar, das Agassiz als Pholidophorus laevissimus etikettirte; später reihte er es seiner neuen Gattung Nothosomus[1] an. Er erwähnt nur den Namen dieser Art, ohne irgend eine Charakteristik beizufügen; ich habe daher a. a. O. versucht, dieselbe nachzutragen, so gut als es bei dem stark beschädigten Zustande des erwähnten Exemplares möglich war. Jetzt, wo ich durch Egerton mit der Gattung Pleuropholis bekannt geworden bin, ist mir erst dessen Bau vollständig klar geworden und ich kann nunmehr meine frühere Beschreibung wesentlich ergänzen.

An unserem Exemplare fehlt die Vorderhälfte des Kopfes nebst der ganzen Afterflosse. Die Schwanzflosse ist vollständig erhalten, dagegen die Brust- und Bauchflossen sind nur undeutlich angezeigt. Von der Rückenflosse hatte ich früher angegeben, dass sie ganz fehlt, jetzt, wo ich durch Egerton weiss, dass sie der Afterflosse gegenüber zu su-

---

1) Die Gattung *Nothosomus*, die uns jetzt erst durch *Egerton* (a. a. O. tab. 6) genauer bekannt geworden ist, beruht bloss auf der Hinterhälfte eines Exemplares aus dem englischen Lias, das Agassiz als *N. ortostychius* bezeichnete. Die Trennung von Pholidophorus ist kaum zu rechtfertigen, während Pleuropholis von dieser Gattung durch die einzige Schuppenreihe längs der Seiten und die zurückgedrängte Stellung der Rückenflosse davon auffallend abweicht.

chen ist, habe ich auch, weit hinter der Mitte des Rückens, Spuren von einigen ihrer Strahlen aufgefunden. Die Beschuppung ist im obern und mittlern Theil des Rumpfes sehr zerrüttet oder nur durch Eindrücke angezeigt; wo sich auf diesen Theilen Schuppen erhalten haben, stellen sie sich fast durchgängig von der Innenseite dar und sind desshalb glatt und zeigen keine Einkerbung. Die Wirbelsäule ist nur sehr schwach angedeutet und dürfte sich wie bei Pholidophorus verhalten. Die Form des Körpers ist langstreckig und ziemlich schmächtig. Längs der Mitte des Rumpfes zeigt sich nach den ziemlich deutlich erhaltenen Eindrücken nur eine einzige Reihe von Schuppen, die dafür ungewöhnlich lang sind, indem sie in der Mitte des Leibes eine Höhe von $7\frac{1}{2}$ Linien erreichen, bei einer Breite, die wenig eine Linie übersteigt. Nach vorn und hinten nehmen die Schuppen dieser Mittelreihe allmählig an Höhe ab, sind dabei ganzrandig und etwas S förmig gekrümmt, indem sie an ihrem oberen Ende vorwärts, am untern rückwärts gebogen sind. Wie es Egerton's Fig. 9 auf Tab. 7 anzeigt, zieht längs der Innenseite einer jeden dieser Schuppen eine schmälere, glatte Leiste hindurch, die oben mit einer Spitze vorragt. Oberhalb der Mittelreihe liegen etliche Reihen kleinerer viereckiger Schmelzschuppen in sehr beschädigtem Zustande. Unterhalb der Mittelreihe füllen den Zwischenraum zwischen ihr und dem Bauchrande 7 bis 8 Reihen ausserordentlich schmaler Schuppen aus, deren Länge fast dreimal die Höhe übertrifft. Die Schwanzflosse ist gegabelt und auf beiden Seiten mit Schindeln besetzt. — Die ganze Länge dieses Exemplares bis zur Schwanzspitze mag gegen $5\frac{1}{2}''$ betragen haben; die grösste Breite misst $1''\ 2'''$.

Unter dem gleichen Namen Pleurobolis laevissimus bildet aber Egerton ein anderes Exemplar ab, von dem er sagt, dass es Graf Münster bei Kelheim entdeckt, und dass es Agassiz anfangs Pholidophorus (späterhin Nothosomus) laevissimus benannt habe. Dieses Fischchen ist wenig über $2''$ lang und dabei auch verhältnissmässig weit schlanker, als Pl. laevissimus. Es kann daher mit unserem Exemplar nicht zu einerlei Species gehören, daher lege ich ihm als besondere Art den Namen *Ph. Egertoni* bei.

XV. Eugnathus *Ag.*

Eine nur selten in den lithographischen Schiefern auftretende Gattung, indem aus denselben Agassiz nicht mehr als eine einzige Art kannte, die er als *E. microlepidotus* bezeichnete und die in hiesiger Sammlung bisher bloss durch eine einzige Platte vertreten war. Sowohl die herz. Leuchtenberg'sche, als auch die Häberlein'sche Sammlung lieferten indess mir neuerdings je ein Exemplar derselben Species; die letztere überdiess noch 2 sehr grosse Individuen, welche ich mich genöthigt sehe, als zwei besondere Arten unter dem Namen *E. titanius* und *E. macrodon* aufzustellen. Eugnathus ist eine sehr ausgezeichnete Gattung, nur muss der E. Chirotes Ag. von ihr entfernt werden, da er wegen seiner knöchernen Wirbelsäule nicht zu den andern Arten passt.

1. E. titanius *Wagn.*

Der Riese unter den Fischen der lithographischen Schiefer, indem er, die Schwanzflosse ungerechnet, fast die Länge von 8 Fuss erreicht. So ausgezeichnet er durch seine kolossale Grösse ist, so ist er es nicht in Bezug auf die Art und Weise seiner Erhaltung. Zwar ist das Skelet, obwohl vielfach zerrüttet, doch noch in leidlichem Zusammenhange, aber es ist in vielen Stücken stark beschädigt. Der Schädel, im Profil gesehen, ist flach gedrückt und hat viel an seiner Knochenmasse eingebüsst; von Zähnen ist auch nicht die geringste Spur erhalten. Mit Ausnahme einer Portion der Rückenflosse sind alle Flossen verschwunden; von den Schuppen ist nicht ein einziger Abdruck vorhanden. Zur Feststellung der Gattung, welcher dieser Koloss angehört, sind daher nur wenig Anhaltspunkte geboten.

Quenstedt[1], der dieses Exemplares gedenkt, hat es zu Caturus gerechnet. Zu dieser Gattung kann es jedoch nicht gehören, weil der ganze Habitus dagegen spricht. Der Körper ist so langstreckig und schmächtig, wie diess nicht bei letzterer Gattung, sondern nur bei Eugnathus der Fall ist. Insbesondere ist der Schädel, der fast 2 Fuss Länge erreicht, ganz nach dem Typus der letzteren Gattung geformt: ungemein langgestreckt bei geringer Höhe, das Schädeldach langsam nach vorn abfallend, die Kiefer lang und in eine stumpfe Spitze auslaufend, der Kiemendeckel hinterwärts weit vorragend. Im Allgemeinen kann man sagen, dass nach Form des Körpers und des Schädels der E. titanius die Folio-Ausgabe des E. orthostomus oder vielmehr des E. microlepidotus ist. Auch in der weiteren Rückstellung der Rückenflosse des E. titanius zeigt sich die Verschiedenheit von Caturus, dagegen die Uebereinstimmung mit Eugnathus, so dass seine Zuweisung an letztere Gattung unbezweifelbar ist.

Im Uebrigen ist zu bemerken, dass die Rückensäule keineswegs aus verknöcherten Wirbeln besteht, sondern dass ihr Raum leer und von einer weissen Masse erfüllt ist, also im Leben eine weiche, ungegliederte Rückensaite darstellte, auf der oben wie unten kurze Halbwirbel ansitzen. Sowohl die Dornfortsätze als die Rippen sind im Verhältniss zur Schmächtigkeit des Rumpfes lang und kräftig; die Rückenflosse hat eine Höhe von 6 Zoll. Dieses stattliche Exemplar stammt aus der Häberlein'schen Sammlung und ist bei Mörnsheim gebrochen worden.

2. E. macrodon *Wagn.*

Wagn. Gesch. d. Urwelt II S. 471.

Ein anderes grosses, wenngleich an Grösse dem E. titanius weit nachstehendes Exemplar, ist uns ebenfalls aus der Häberlein'schen Samm-

---

[1] Petrefaktenkunde S. 216.

lung zugekommen. Obwohl in manchen Stücken beschädigt, ist es doch im Allgemeinen weit besser conservirt, so dass seine Zugehörigkeit zur Gattung Eugnathus auf den ersten Blick erkannt wird. Dieses Exemplar hat bis zum Anfang der Schwanzflosse fast eine Länge von 4 Fuss. Der Leib ist langgestreckt, die Rückenflosse dem Zwischenraume zwischen der Bauch- und Afterflosse gegenständig, die Schwanzlappen lang und weit auseinander gesperrt. Die Schuppen sind in der obern Hälfte des Rumpfes schief rhomboidisch und merklich höher als lang, in der untern dagegen drei bis viermal so lang als hoch, was bekanntlich ein sehr bezeichnendes Merkmal für Eugnathus ist; an einzelnen gut erhaltenen Schuppen kann man auch die freie Streifung wahrnehmen. Der Schädel mit den Kieferknochen ist stark beschädigt, daher keine genaue Beschreibung zulässig. Die Mundspalte ist ohngefähr 7" lang. Aus der Oberkinnlade sieht man, von ihrem hinteren Ende an gezählt, mehrere kleine, dünne, kegelförmige Zähne hervorstehen, dann bleibt, in Folge von Zerstörung, eine lange Lücke, bis endlich gegen die vordere Spitze hin, also wohl schon im Zwischenkiefer, ein grosser, starker, etwas gekrümmter, kegelförmiger Zahn von 9''' Länge vorragt, vor dem noch ein ähnlicher, aber nur 3''' langer Zahn steht. Im Unterkiefer sind, ebenfalls von hinten gezählt, die Zähne stärker und länger (ohngefähr 5'''), als im Oberkiefer, im mittlern Theil werden sie kleiner; das vordere Kieferstück fehlt.

Bei der mangelhaften Erhaltung der beiden grossen Exemplare lassen sich genauere Vergleichungen derselben sowohl miteinander als mit dem E. microlepidotus, nicht vornehmen; ich habe daher nur nach der Verschiedenheit in der Grösse sie als besondere Arten bezeichnet. Dagegen glaube ich unsern E. macrodon von Solenhofen wiedergefunden zu haben in einer Abbildung, die *Quenstedt* in seinem Jura tab. 97 fig. 12 an einem Fische von Nusplingen vorlegt. Soweit sich die einzelnen Zähne beider Individuen miteinander vergleichen lassen, stimmen sie überein; dasselbe gilt von der Form der Kieferknochen. Quenstedt hatte gemeint, in diesem Schädel von Nusplingen meinen *Strobilodus giganteus* gefunden zu haben; dagegen muss ich mich freilich entschieden verwahren, indem dieser wesentlich davon verschieden ist und Quenstedt's citirte Abbildung entschieden einen Eugnathus anzeigt.

3. E. microlepidotus *Ag.*

Ag. II, 2. Abth., p. 104.

Auf diese Art, als die einzige, welche ihm aus dem lithographischen Schiefer bekannt wurde, machte *Agassiz* nur mit folgenden wenigen Worten aufmerksam. „Es ist diess die Art, welche ich früher als *Uraeus microlepidotus* bezeichnete. Die Zähne sind sehr stark, konisch und einförmig. Ich habe mich überzeugt, dass die Schuppen deutlich gefurcht und gezähnelt sind, so dass es keinen Zweifel über die Gattung geben kann." — Das Exemplar, welches hiebei Agassiz vor Augen hatte, ist in der hiesigen Sammlung aufbewahrt und von ihm selbst als Uraeus microlepidotus etikettirt; es liegt auf der Bauchseite und der Schädel ist durch Druck fast um das Doppelte seiner Breite auseinander gequetscht worden. Ein fast vollständiges, bei Eichstädt gefundenes Exemplar hat nur in einer Doppelplatte die herz. Leuchtenberg'sche Sammlung geliefert. Eine dritte, minder gut erhaltene Doppelplatte hat nur die Häberlein'sche Sammlung gebracht. Diese 3 Exemplare haben fast gleiche Grösse und kommen auch sonst in allen Stücken miteinander überein.

Im Allgemeinen hat der E. microlepidotus die grösste Aehnlichkeit mit E. orthostomus, nur dass jener etwas kleiner und insbesondere schlanker ist. Der Schädel hat ganz die langgestreckte spitze Form wie bei letzterem und die Zusammensetzung seiner Knochen ist die nämliche. An keinem unserer Exemplare ist das Gebiss vollständig, doch sieht man, dass sämmtliche Zähne kegelförmig sind, dass die kleinsten hinterwärts liegen, und dass im Unterkiefer die mehr vorwärts gestellten grösser und in ihrer untern Hälfte etwas bauchig angeschwollen sind. — Die in regelmässig schiefe Reihen gestellten Schuppen sind schief vierseitig, mit glänzendem Schmelz belegt, und von feinen Längsfalten durchzogen, die den Hinterrand gezähnelt machen. In der Brustgegend und oberhalb der Mittellinie des Rumpfes sind die Schuppen fast so hoch als lang; unterhalb derselben nehmen sie rasch an Höhe ab, so dass sie auf der Bauchhälfte mindestens dreimal so lang als hoch sind. Hinter der Afterflosse und längs des Oberrückens sind die Schuppen zwar ebenfalls schmal, doch nicht in dem Grade, wie auf der Bauchseite. — Die Schwanzflosse ist nicht besonders lang, aber ihre Lappen sind weit auseinander gesperrt; die übrigen Flossen, mit Ausnahme der Bauchflossen, sind gut entwickelt. Die Rückenflosse liegt dem Zwischenraume zwischen Bauch- und Afterflosse gegenüber. Die senkrechten Flossen sind deutlich mit Schindeln besetzt, von denen man selbst am Vorderrande der Brustflosse eine Spur wahrnimmt.

Länge, ganze, bis zur Mitte der Schwanzflosse .	13"	9'''
„ des Schädels	3	5
Rumpfhöhe vorn beiläufig	2	1
„ an der Schwanzwurzel . . .	0	10
Breite, grösste, des Schwanzes	2	11

Thiollière hat bei Cirin ebenfalls einen ähnlichen Fisch gefunden, den er als *Eugnathus praelongus* bezeichnete. Nach Vergleichung seiner Beschreibung kommt dieser jedoch ganz mit E. microlepidotus überein, was freilich, da von letzterem bisher keine Beschreibung vorlag, Thiollière nicht ausfindig machen konnte. Sein Exemplar ist etwas grösser, als die unserigen, da er die Länge ohne Schädel zu 13" 4''' angibt. — Nach Schuppenüberresten scheint diese Art auch bei Nusplingen vorzukommen.

XVI. Strobilodus *Wagn*.

Zu meiner frühern Beschreibung des Str. giganteus, bis jetzt immer noch in einem einzigen Exemplare repräsentirt[1], habe ich einige Berichtigungen bezüglich der Beschaffenheit seiner Wirbel und Beschuppung nachzutragen.

Ich habe früher die Wirbelsäule als aus vollständigen knöchernen Wirbeln zusammengesetzt bezeichnet und Heckel, der das hiesige Exemplar selbst besichtigte, hat die gleiche Meinung ausgesprochen. Jetzt, wo ich mit der Beschaffenheit der Wirbelsäule der Ganoiden genauer als sonst bekannt bin, hat mir zunächst die ausserordentliche Kürze der Wirbel Verdacht erregt, ob ich es bei Strobilodus wirklich mit vollständigen Wirbelkörpern zu thun hätte. Von dieser Meinung musste ich aber ganz zurückkommen durch Betrachtung der einzeln umher gestreuten Wirbel, die von ihrer Gelenkfläche her sichtlich sind. Diese zeigen nämlich, dass ihr ganzes Inneres von der Gesteinsmasse ausgefüllt, also ursprünglich hohl und nur auf der Aussenseite von einem dünnen und schmalen Knochenring umlegt ist, so dass es demnach nicht Voll-, sondern Hohlwirbel sind. Ferner hat es bei etlichen dieser isolirten Wirbel den Anschein, als ob ihr äusserer Knochenring nicht aus einem Stücke, sondern, wie bei Pholidophorus aus zwei Hälften, bestehe. Wie dem auch sein möge, so ist jetzt nachgewiesen, dass Strobilodus nicht mehr zu der Abtheilung mit vollständigen Wirbelkörpern gezählt werden darf, sondern dass er zu der mit Hohlwirbeln gehörig ist.

Bezüglich der Beschuppung bin ich früher der Meinung gewesen, dass der gänzliche Mangel an Schuppen am Rumpfe des Strobilodus den Beweis liefere, dass sie eben so dünn wie bei Sauropsis gewesen

---

[1] Abh. d. Münchn. Akadem. VI S. 75 tab. 2. — Neuerdings hat *Quenstedt* von Nusplingen 2 Arten von Strobilodus aufgeführt und als *Str. giganteus* und *Str. suevicus* benannt; die Schädel beider sind von ihm in seinem Jura tab. 97 fig. 12 und tab. 100 fig. 10 abgebildet. Allein beide Stücke gehören nicht zu Strobilodus, denn erstere Figur stellt einen *Eugnathus* und letztere einen *Megalurus* dar.

sein möchten und daher leicht verloren gingen. Jetzt, wo ich an Lepidotus armatus ein Exemplar vor mir habe, das am Rumpfe aller Schuppen entblösst ist, und umgekehrt von Lepidotus maximus einen Schuppenpanzer, dem der ganze übrige Körper fehlt, bin ich überführt, dass das Abfallen der Schuppen eben sowohl bei Fischen mit dickem, als mit dünnem Schmelzbeleg erfolgen kann. Dagegen habe ich schon früher bemerklich gemacht, dass vor der Schwanzflosse des Strobilodus, sowohl auf dem Rücken- als Bauchkiele, eine eigenthümliche Gruppe von Schuppen mit dickem, glänzenden Schmelzbesatze liegt. Nun weiss man aber ferner, dass auch bei Lepidotus in der Nähe der hintern Flossen, zumal am Bauchkiele, einzelne Schuppen auftreten, die nicht rhombisch, sondern langstreckig und gleichwohl mit dem nämlichen Schmelze belegt sind. Nehme ich hinzu, dass ähnliche Schmelzschuppen, wie sie bei Strobilodus vor der Schwanzflosse liegen, mir noch bei keinem Scheibenschupper vorgekommen sind, so spricht alle Wahrscheinlichkeit dafür, dass Strobilodus ebenfalls zu den Rautenschuppern gehören wird.

Sauropsis *Ag.*

Das ganze Material, worauf diese Gattung begründet wurde, besteht noch immer in dem einzigen, hier aufbewahrten Exemplare, das Agassiz als S. longimana beschrieb und abbildete. Zwar erwähnte er noch eines andern Exemplares, das aber nicht mehr dieser, sondern der folgenden Gattung zuständig ist. Die Gattungsmerkmale sind folgendermassen festzustellen: Leib hechtähnlich, langgestreckt, mit fast geradem Rücken; Rückenflosse der sehr langen Afterflosse gegenüber, doch etwas vor dieser beginnend; alle Flossen ohne Schindeln. — Hiezu mag noch beigefügt werden, dass die Rückensaite frei aufgedeckt ist, nur oben und unten mit kurzen Halbwirbeln besetzt, und dass die Zähne kegelförmig und in einfacher Reihe geordnet sind [1].

---

[1] Das Verhältniss, in welchem Sauropsis und Hypsocormus zu den liassi-

1. S. longimana *Ag.*

Ag. II b. p. 121 tab. 60.

Von Solenhofen; die Maasse habe ich bei nachfolgender Gattung beigefügt.

Hypsocormus *Wagn.*

Ich stelle hiemit eine neue Gattung auf, die sich durch folgende Merkmale charakterisirt: Leib lachsähnlich mit hochgewölbtem Rücken; Rückenflosse dem Anfange der sehr langen Afterflosse gegenüber endigend; die Flossen ohne Schindeln. — Diese neue Gattung stellt ein Verbindungsglied zwischen Sauropsis und Pachycormus dar, indem sie nach der Beschaffenheit der Wirbelsäule, der Zähne und Beschuppung mit ersterer, nach der ganzen Körperform und Stellung der Rückenflosse mit letzterer übereinkommt. Sie umfasst bis jetzt bloss eine einzige Art.

1. H. insignis *Wagn.*

Auf drei Exemplare von Solenhofen, darunter zwei als Doppelplatten, beruht diese Art, die doppelt so gross als Sauropsis longimana ist und sich von letzterer sogleich durch ihre Karpfen- oder Lachsform unterscheidet. Die Rückenlinie steigt nämlich von der Schnauzenspitze an bis zur Mitte des Rückens hoch empor und fällt dann ziemlich schnell abwärts, so dass dadurch der Schwanzstiel merklich schmächtig wird. Die Beschuppung verhält sich ganz wie bei Sauropsis longimana, d. h. die Schuppen sind durchgängig sehr klein, rautenförmig, glatt und dünn. In der obern Leibeshälfte sind sie nur wenig länger als hoch, in der un-

---

schen Gattungen Pachycormus und Euthynotus (nov. gen.) stehl, nebst Charakteristik ihrer in Deutschland gefundenen Arten, habe ich in einer eigenen Abhandlung: „znr Charakteristik der Gattungen Sauropsis und Pachycormus nebst ihren Verwandten" (Münchn. gel. Anzeig. Bd. 50 Jhrg. 1860 Nr. 26 S. 209 ff.) dargelegt.

tern beträchtlich länger als hoch. Sehr markirt ist ihre regelmässige Anordnung in Querreihen, die von oben nach unten in schiefer Richtung verlaufen; diese Reihen sind so schmal, dass ihre Breite (von vorn nach hinten) kaum die Länge einer Linie überschreitet.

Die kurze Rückenflosse endet dem Anfange der Afterflosse gerade gegenüber; letztere erstreckt sich bis zum Anfange der Schwanzflosse. Die Bauchflossen sind klein und sehr weit von der Afterflosse abgerückt. Die äussern Strahlen der Schwanzflosse, indem sie einwärts rasch an Länge zunehmen, laufen sämmtlich einfach aus und erst in der hintern Hälfte der Schwanzlappen gehen von den überragenden Strahlen auf der Aussenseite einzelne feine Borsten, als Stellvertreter der Schindeln, ab, die sich jedoch von echten Schindeln wesentlich dadurch unterscheiden, dass sie nicht einem und demselben Randstrahl angesetzt sind. Die innern langen Strahlen sind mehrmals gegliedert; gegen die Innenseite und die Spitze der Flosse lösen sie sich in feine Borsten auf. Am Grunde zwischen den beiden Lappen der Schwanzflosse stehen wie bei den andern verwandten Gattungen 6 kurze Strahlen, die sich bald in mehrere gegliederte Aeste spalten und durch weitere Spaltung mit zahlreichen kurzen Borsten endigen. Die Strahlen der Afterflosse sind ebenfalls gegliedert, dagegen sind die der Brustflossen durchgängig einfach; die Brustflossen sind klein und weit vorgerückt. Sämmtliche Flossen ermangeln eines Besatzes von Schindeln.

Statt der Wirbelsäule zeigt sich nur ein glattes Band, ganz in der nämlichen Weise wie bei Sauropsis longimana. Die Zähne sind zahlreich, stark, kegelförmig und fein gestreift; der längste, welcher kurz vor der Unterkieferspitze steht, misst 5 Linien.

	Hyps. insignis		Saur. longimana	
Länge bis zur Mitte der Schwanzflosse	20"	6'''	11"	6'''
Rumpfhöhe, grösste	5	8	2	1
Länge des Schädels	4	6	2	11

	Hyps. insignis	Saur. longimana
Höhe des Schädels	3" 1"'	2" 0"
Abstand der Kieferspitze von der Bauchflosse	8 5	4 10
„ „ „ „ „ Afterflosse	13 8	7 1
„ „ „ „ „ Rückenflosse	12 5	6 8
Länge der Brustflossen „ „ „	3 3	2 3

Das grösste der hiesigen Exemplare erreicht fast eine Länge von 4 Fuss.

Von Sauropsis unterscheidet sich Hypsocormus sowohl durch die hochgewölbte Rückenlinie, als durch die vorgerückte Rückenflosse. In beiden Beziehungen kommt Hypsocormus mit Pachycormus überein, differirt aber von letzterem durch die nackte Rückensaite, die bei letzterem ganz oder doch theilweise überdeckt ist, durch das gewaltige Gebiss mit doppelt so kräftigen Zähnen, die weit zahlreicheren Fortsätze der Wirbelsäule und die weit kleineren Schuppen.

†††) Leib sehr schmächtig, die Kiefer schnabelartig verlängert und zugespitzt; Rücken- und Afterflosse gegenständig.

Hieher gehören nur die beiden Gattungen *Aspidorhynchus* und *Belonostomus*. Man hatte bisher die Wirbelkörper für vollständig verknöchert gehalten wie bei den echten Knochenfischen; eine genauere Untersuchung derselben hat mich jedoch überführt, dass sie innerlich ganz hohl sind und nur einen vollständig geschlossenen und verknöcherten Ring um die weiche Rückensaite gebildet haben. Von den echten Wirbelkörpern unterscheiden sich solche Hohlwirbel äusserlich auch schon dadurch, dass sie keine grubigen Ausfurchungen haben, sondern glatt sind.

XVIII. Aspidorhynchus *Ag*.

Von dieser Gattung hat Agassiz 5 Arten aus dem lithographischen Schiefer unterschieden. Drei derselben, nämlich Aspidorhynchus acutirostris, ornatissimus und speciosus, hat er abgebildet und ausführlich beschrieben; über die beiden andern, Asp. mandibularis und lepturus, hat er nur einige Bemerkungen gegeben. Mit einem weit grösseren Materiale versehen, als Agassiz es vor sich hatte, bin ich zur Ueberzeugung gekommen, dass diese Arten nicht durchgängig haltbar sind, und dass im Gegentheil es sogar wahrscheinlich ist, dass sie zusammen nur eine einzige Art ausmachen. Einstweilen habe ich diese 5 Arten in 2 zusammengefasst und ihnen noch eine neue als dritte Species beigefügt. — Einige Reste von Aspidorhynchus sind auch bei Nusplingen und Cirin gefunden worden.

1. Asp. acutirostris Ag.

Ag. II. b. p. 136, tab. 46.

Wir besitzen jetzt dahier eine zahlreiche Reihe Exemplare von dieser Art, darunter auch die beiden Originale, welche Agassiz abbilden liess. Ihre Grösse geht von $1\frac{1}{2}$ bis zu etwas über 3 Fuss; ihre Dimensionsverhältnisse stellen sich an dreien der am besten erhaltenen Exemplare in folgender Weise dar.

	Nr. I.		Nr. II.		Nr. III.	
Länge bis zur Mitte der Schwanzflosse	18"	4'''	23"	6'''	27"	8'''
Breite des Rumpfes vor der Bauchflosse	2	1¼	2	7	2	10
„ „ „ „ „ Afterflosse	1	10	2	2	2	5

Agassiz unterscheidet seine Arten hauptsächlich nach der Beschaffenheit der Oberfläche der Schuppen, unter denen bekanntlich die aus den drei mittlern Längsreihen die grössten sind. In Bezug auf Asp. acutirostris macht er bloss bemerklich, dass die äussere Fläche dieser Schuppen sich von der innern leicht durch die Runzeln der ersteren unterscheiden lässt. Diess Merkmal gilt nicht bloss für alle andern Arten, und wenn Quenstedt die Schuppen überhaupt glatt nennt, so passt dieser Ausdruck lediglich auf ihre Innenseite, keineswegs aber auf ihre Aussenseite. Bei gut erhaltenen Exemplaren des Asp. acutirostris lässt sich die Runzelung der Schuppen auf ihrer äussern Fläche immer deutlich wahrnehmen; fast noch schärfer aber tritt sie hervor auf den Eindrücken, welche selbige auf dem Gesteine hinterlässt. Man erkennt dann, dass nicht bloss die drei Längsreihen grosser Schuppen, sondern auch die über ihnen liegenden gestreift sind; nur die untern schmalen Schuppen sind glatt. Wie es sich von selbst versteht, ist die Runzelung auf den grossen Exemplaren weil stärker ausgeprägt, als auf den kleineren, aber bei allen ist sie ganz von derselben Anordnung, wie bei dem Asp. ornatissimus und speciosus; zu denen wir daher jetzt gleich übergehen wollen.

1. a. Asp. ornatissimus *Ag.*

Ag. II. b. p. 138 tab. 47. — *Asp. speciosus.* *Ag.* II. b. p. 137 tab. 45.

Ich habe guten Grund, die beiden Arten von Agassiz, den Asp. ornatissimus und speciosus zusammen zu fassen, wie gleich im Nachfolgenden erwiesen werden soll.

a) *Asp. ornatissimus Ag.* Agassiz konnte diese Art nur auf ein einziges, aber freilich sehr ansehnliches Fragment von einem Aspidorhynchus begründen, das von Solenhofen stammt. Es stellt das Mittelstück des Körpers dar, dem vorn der Schädel mit einem Theile des Vorderrumpfes fehlt und das rückwärts gleich hinter der Rücken- und Afterflosse abgebrochen ist. Der Rumpf ist in der Mitte 3" 3''' breit, woraus sich auf ein sehr grosses Exemplar von gegen 3 Fuss Länge schliessen lässt. Die Runzelung der Schuppen ist sehr stark ausgeprägt und es genügt, hier nur die der beiden grössten Reihen näher anzugeben. In dem vordern Rumpfstück nämlich sind die Schuppen der obern Reihe, über welche die Seitenlinie verläuft, etwas mannigfaltiger geronzelt, als auf der unter ihr liegenden Reihe. Die Runzeln verlaufen zwar auf beiden im Allgemeinen hinterwärts, dabei etwas gekrümmt und öfters unterbrochen, aber in der obern Reihe haben die Runzeln in der untern Hälfte mehr einen abwärts gerichteten und dabei vielfach in einander verflochtenen und gewundenen Verlauf. Weiter rückwärts, wo die Schuppen allmählig immer kleiner werden, nehmen die Runzeln überhaupt mehr eine horizontale Richtung an, ohne doch Krümmungen auszuschliessen.

Neuerdings ist uns aus der herz. Leuchtenberg'schen Sammlung ein zweites Exemplar des Asp. ornatissimus von Eichstädt zugekommen. Ebenfalls nur ein Fragment, das aber von den Bauchflossen an die ganze hintere Körperhälfte vollständig aufbewahrt hat; bei einer Länge von fast 10" hat es vorn eine Breite von 2" 9''', ist also merklich kleiner als das vorige Exemplar, kommt aber in seinen Grössenverhältnissen mit unserem Nr. III von Asp. acutirostris überein. Die Runzelung der Schuppen stimmt in allen Stücken mit der des grossen Exemplares von Asp. ornatissimus überein.

Vergleicht man nun aber die Beschuppung des Asp. acutirostris mit der des Asp. ornatissimus, so weisen unsere zahlreichen und in allen Grössen vorkommenden Exemplare des ersteren eine vollkommen gleichförmige Runzelung der Schuppen mit letzteren auf. Diess gibt schon das Exemplar zu erkennen, welches Agassiz auf Tab. 46 abbildete und von mir als Nr. II des Asp. acutirostris aufgeführt wurde; das Gleiche zeigen alle die andern Exemplare, bei welchen die Aussenseite der Schuppen oder doch ihre Eindrücke erhalten sind. Hiemit ist zur Genüge erwiesen, dass Asp. acutirostris und ornatissimus zu einer und derselben Art gehören.

b) *Asp. speciosus Ag.* Auch von dieser Art hat Agassiz nur das einzige, in der Münster'schen Sammlung aufbewahrte Exemplar von Kelheim gekannt, das ebenfalls bloss die hintere Körperhälfte in einer Länge von 10" aufzuweisen hat. Die Länge von der Bauchflosse bis zur Mitte der Schwanzflosse beträgt 8", die grösste Rumpfbreite 2" 2'''. Schon die Beschreibung, welche Agassiz vom Verlaufe der Runzeln auf den Schuppen gibt, noch mehr die unmittelbare Vergleichung der

Exemplare belehrt, dass in dieser Beziehung Asp. speciosus und ornatissimus ganz miteinander übereinstimmen. Die Abbildung, welche Agassiz publicirte, gibt nicht mit gehöriger Genauigkeit die Ornamentur der Schuppen an.

Ein zweites Fragment, ebenfalls von Kelheim, verdanke ich der Freundlichkeit des Herrn Apothekers und Bürgermeisters *Mack* in Reichenhall. Dasselbe besteht in einem über 10" langen Panzer-Abdruck, an dem sich noch die Afterflosse und ein Eindruck der einen Bauchflosse erhalten hat. Vor der Afterflosse beträgt die Rumpfbreite 2" 9"', vor der Bauchflosse 3" 4"'; dieses Exemplar hatte demnach Dimensionsverhältnisse, die mit denen des grossen Fragmentes von Asp. ornatissimus übereinkommen. Was aber noch wichtiger, ist der Umstand, dass wir grosse Stücke des Panzers, der sich ganz vom Gesteine ablöste, selbst besitzen, und zwar hat sich derselbe in einer Weise abgesondert, dass seine beiden Seiten fest auf einander gepresst sind und demnach die Schuppen beiderseits ihre Aussenfläche und zwar in ganz unbeschädigtem Zustande darbieten. Man kann sich hiedurch vollständig überzeugen, dass die Skulpturen der Schuppen von gleichem Typus mit denen des Asp. ornatissimus und acutirostris sind.

Noch hat Agassiz zur Unterscheidung des Asp. speciosus vom Asp. ornatissimus angegeben, dass bei jenem die untern, festen, schmalen und glatten Schuppenreihen minder zahlreich als bei diesem sind. Bei dem ihm vorgelegenen Exemplare gewinnt es allerdings einen solchen Anschein, weil die Reihen der Bauchschuppen übereinander geschoben sind; bei unserem grossen Fragment aber zeigt es sich, dass sie in gleicher Ausdehnung und Zahl wie beim Asp. ornatissimus vorkommen.

Aspidorhynchus acutirostris, ornatissimus und speciosus bilden demnach nur eine und dieselbe Art.

2. Asp. mandibularis *Ag.*

Ag. II. b. p. 138, 296. — ? *Asp. lepturus Ag.* p. 139, 296.
Var a. Asp. longissimus. Münst. Jahrb. f. Min. 1842 S. 44.

Seinen *Asp. mandibularis* charakterisirt Agassiz in folgender Weise: verwandt mit Asp. speciosus, aber schlanker und mit glatten Schuppen; Unterkiefer merklich schmäler als bei Asp. acutirostris und mit geradem unteren Rande; Bauchschuppen so schmal, dass sie feinen Streifen gleichen; Zähne lang, unregelmässig und sehr scharf. — Den *Asp. lepturus* bezeichnet Agassiz als dem Asp. mandibularis nahe stehend, aber kleiner und vielleicht nur eine Altersvarietät; Unterkiefer sehr kurz und breit, Schwanzflosse klein mit dünnen Strahlen, Schuppen glatt; von Kelheim.

In der hiesigen Sammlung findet sich nur ein einziges Exemplar, das von Agassiz als Asp. mandibularis etikettirt ist; ebenso ist das Original-Exemplar von Asp. lepturus vorhanden. Ausserdem sind von Eichstädt noch 3 Exemplare zugekommen, die in der Grösse das Mittel zwischen beiden halten. Alle diese Individuen sind die kleinsten, die wir überhaupt von der Gattung Aspidorhynchus besitzen. Nachstehende Tabelle zeigt die hauptsächlichsten Dimensionsverhältnisse von Asp. mandibularis und lepturus, wozu ich noch die des kleinsten von unserem Asp acutirostris beigefügt habe.

	Asp. mandibul.	Asp. lepturus	Asp. acutir.
Länge bis zur Mitte der Schwanzflosse	1'4" 4'''	9" 0'''	1'4" 9'''
„ des Schädels . . .	3 11	2 2	1 3
Breite vor den Bauchflossen	1 4		1 6
„ „ der Afterflosse	1 1½		1 2

Um zuerst vom *Asp. mandibularis* zu sprechen, so zeigt die Tabelle an, dass derselbe schmächtiger ist, als ein fast gleich grosses Exemplar des Asp. acutirostris, doch ist bemerklich zu machen, dass er einigermassen dadurch an Breite verloren hat, dass der Bauchrand nicht flach ausgebreitet, sondern etwas in die Höhe gebogen ist. In der Bildung des Unterkiefers kann ich keinen Unterschied von Asp. acutirostris finden ; derselbe ist verhältnissmässig fast eben so breit und gebogen, wie bei letzterem. Die Schuppen zeigen sich nur von der Innenseite und sind demnach wie bei allen Schmelzschuppern glatt; die Beschaffenheit ihrer Aussenfläche bleibt daher unbekannt. Ausser der etwas schlankeren Leibesform gibt es also für dieses Exemplar des Asp. mandibularis kein anderes Merkmal, woraus auf eine specifische Verschiedenheit von Asp. acutirostris geschlossen werden könnte.

Der Asp. lepturus ist beträchtlich kleiner, und wenn er dabei unverhältnissmässig schmal erscheint, so kommt diess lediglich davon her, dass die untersten Schuppenreihen sämmtlich weggerissen sind. Der Hintertheil des Schädels zeigt sich merklich dicker, als bei Asp. mandibularis, was aber doch nur davon herrührt, dass derselbe nicht im Profil, sondern von oben her gesehen wird, und dass der Unterkiefer etwas abwärts geschoben und nicht wie bei letzterem an den obern angepresst ist; übrigens ist dieser Kiefer ähnlich wie bei Asp. mandibularis und acutirostris geformt. Auch bei diesem Exemplare ist fast bei allen Schuppen nur die Innenseite sichtlich und daher ihre Beschaffenheit auf der Aussenseite nicht zu ermitteln. Nach wiederholter Prüfung kommt es mir jetzt höchst wahrscheinlich vor, dass dieser Asp. lepturus nichts anders ist, als der Belonostomus Kochii, der die vordere Hälfte des Unterkiefers verloren hat, und an dem das Bruchende vermittelst der Radirnadel zugespitzt worden ist. Beide stammen von Kelheim her.

Ausser diesen beiden Exemplaren, die schon Agassiz bekannt waren, sind nun noch 3 andere von Eichstädt zugekommen. Das grösste derselben hat die ganze Vorderhälfte des Körpers aufbewahrt; bei einer Schädellänge von 3" 5½''' hat der Rumpf eine Breite von 1" 3½''' und kommt daher an Grösse wie auch in der ganzen Leibesform dem Asp. mandibularis sehr nahe. Von den beiden andern Exemplaren sind nur die Schädel, jeder in einer Doppelplatte, vorhanden : der eine derselben ist 3" 2"', der andere 2" 11"' lang. Beide sind demnach merklich kleiner als der des Asp. mandibularis, aber erheblich grösser, als der des Asp. lepturus. Nach ihrer Form kommen diese Schädel sowohl mit der der eben genannten beiden Arten als mit der des Asp. acutirostris überein.

Zwischen Asp. acutirostris einerseits und Asp. mandibularis nebst lepturus andererseits weiss ich demnach keinen andern Unterschied zu bezeichnen, als dass letztere beide eine etwas schlankere Leibesgestalt als jener haben, was freilich zur Feststellung einer specifischen Differenz kaum ausreichen dürfte.

2 u. Asp. longissimus Münst.

Münst. im Jahrb. f. Min. 1842 S. 44.

Ich komme jetzt auf ein Exemplar zu sprechen, das Münster von Pointen in der Oberpfalz acquirirte und als Asp. longissimus benannte. Dasselbe ist vollständig erhalten, aber nur als Abdruck, indem es alle seine Schuppen, mit Ausnahme der des Schwanzstieles, verloren hat.

Länge bis zur Mitte der Schwanzflosse	24" 4"'
„ des Schädels . .	6 3
Breite des Rumpfes vor der Bauchflosse	2 4
„ „ „ „ .. Afterflosse	1 11

Im Vergleich mit einem gleich grossen Asp. acutirostris hat dieses Exemplar eine merklich schmälere Form und auch der Unterkiefer — wenn anders sein Umriss vollständig conservirt ist — erscheint schmäler und mehr geradlinig als bei jener Art. Von der Beschuppung ist nur noch die des Schwanzstieles aufbewahrt und die Schuppen desselben sind glatt, doch erregt ihr matter Glanz Bedenken, ob die Schmelzlage nicht etwa abgesprungen ist, zumal da es den Anschein gewinnt, als ob auf dem übrigen schuppenlosen Rumpfe einige Spuren von Kanzel-Eindrücken wahrnehmbar seien. So bleibt denn zur Unterscheidung dieses Exemplares von Asp. acutirostris als sicher gestelltes Merkmal nur die schlankere Leibesform über, und da dieses zugleich das einzige ist, wodurch Asp. mandibularis mit den ihm verwandten Formen von jener Art differirt, so habe ich den Asp. longissimus vor der Hand an den Asp. mandibularis angereiht, so beträchtlich er auch letzteren an Grösse übertrifft.

3. Asp. obtusirostris *Wagn.*

Ein schönes, in einer Doppelplatte vorliegendes Exemplar von Eichstädt veranlasst mich zur Aufstellung einer neuen Art, welche sowohl durch die Kürze als durch die Dicke ihres Oberkiefers sehr auffallend von den andern verschieden ist. Während nämlich bei Asp. acutirostris, mandibularis und longissimus der Oberkiefer in eine sehr lange, schlanke, allmählig sich verdünnende, feine Spitze ausläuft, so ist bei vorliegendem Exemplare der Oberkiefer nicht bloss erheblich kürzer, sondern er läuft in fast gleicher und dabei ansehnlicher Breite nach vorn aus, um hier in stumpfer, kolbiger Abrundung zu endigen. Im Uebrigen stimmt dieses Exemplar mit den beiden andern Arten überein und hält hinsichtlich seiner Breite das Mittel zwischen ihnen. Da die Schuppen fast durchgängig nur die Innenseite aufzeigen und die wenigen, welche von der Aussenseite sichtlich sind, ihren Schmelzbesatz verloren haben, so lässt sich nichts Sicheres sagen, ob die Schuppen auf der Aussenfläche glatt oder gestreift waren; nach einigen Anzeichen scheint Letzteres der Fall zu sein.

Länge bis zur Mitte der Schwanzflosse . . .	19″ 0‴
Vorsprung des Oberkiefers über dem Unterkiefer .	1 2
Vom vordern Augenhöhlenrande bis zum Oberkieferende	2 5
Breite des Rumpfes vor den Bauchflossen . . .	1 9

Unter den vielen Exemplaren, welche die hiesige Sammlung von der Gattung Aspidorhynchus besitzt, ist vorliegendes das einzige, welches eine von allen übrigen abweichende Form des Oberkiefers aufzuweisen hat.

XIX. Belonostomus *Ag.*

Obwohl zwischen Aspidorhynchus und Belonostomus keine scharfe Grenzlinie zu ziehen ist, so ist es doch räthlich, letztere Gattung beizubehalten, weil sie wenigstens für die meisten Arten herzustellen ist. Bei der Mehrzahl derselben ist nämlich der Unterkiefer von gleicher oder fast gleicher Länge mit dem Oberkiefer, was dann entschieden die Gattung Aspidorhynchus ausschliesst. Wenn aber auch eine Art von Belonostomus sich durch die Kürze ihres Unterkiefers an Aspidorhynchus annähert, so bleibt doch noch als trennendes Merkmal ihre weit schlankere, schmächtigere Form übrig, indem statt dreier Längsreihen grosser Schuppen bei Belonostomus eigentlich nur Zwei entwickelt sind. Auch sind bei letzterer Gattung die Zähne an Grösse unter sich mehr verschieden, als bei der andern. Uebrigens ist die Beschuppung ganz wie bei Aspidorhynchus und die Einfügung der Schuppen von der nämlichen Weise. Eine grosse Schwierigkeit ist die Bestimmung der Arten, indem die Exemplare gewöhnlich sehr beschädigt sind, zumal an ihren Kiefertheilen, wo dann eine sichere Deutung unsicher oder selbst unmöglich gemacht wird. Agassiz hat 6 Arten unterschieden, von denen mir nur 4 als mehr oder minder sicher begründbar erscheinen. Diese Gattung hat eine weite Verbreitung, da Ueberreste von ihr auch bei Nusplingen und Cirin gefunden worden[1].

---

1) *Thiollière* führt von Cirin sogar 2 Arten auf: *B. tenuirostris* und *B. Münsteri Ag.* Indess muss er sehr schlecht erhaltene Exemplare vor sich gehabt haben, indem er die Schuppen des Belonostomus mit denen von *Leptolepis* in Uebereinstimmung findet. Diess ist jedoch grundirrig, da Belonostomus dieselbe Beschuppung wie Aspidorhynchus hat.

1. B. Münsteri *Ag.*

Ag. II. b. p. 141 tab. 47ᵃ fig. 2.

Eine der grössten Arten, da sie 12—14" lang wird und zugleich eine der häufigsten, die insbesondere bei Daiting sich einstellt. Die Kiefer sind schlank, mittellang, weit gespalten und ihrer ganzen Länge nach mit Zähnen besetzt. Bei einer Länge von etwas über 12" beträgt die grösste Breite des Rumpfes 1" 2''', die Entfernung von dem vordern Augenhöhlenrand bis zur Oberkieferspitze fast 2". Die Wirbel sind in der Schwanzgegend etwas länger als hoch.

Mit dem Namen *B. speciosus* habe ich ein aus der Häberlein'schen Sammlung stammendes Exemplar bezeichnet, das in seinem ganzen Skelete vorliegt und 14" lang ist. Der Schädel, insbesondere der Unterkiefer, erscheint hier weit robuster, als bei den andern Exemplaren, was aber wohl nur davon herrührt, dass diese sämmtlich einen grossen Theil ihrer Knochenmasse verloren haben. Besonders zahlreich treten die Zähne in der hintern Hälfte des Unterkiefers auf; im Anfange des vordern Drittels mengen sich einige grössere ein. Mit sehr zahlreichen kleinen Zähnen sind auch die Gaumenbeine besetzt. Die Wirbel, an Zahl 72, sind sehr kräftig, im grössten Theile ihres Verlaufes höher als lang, zuletzt aber an Länge zunehmend; alle ihre Fortsätze sind sehr kurz. Länge des Unterkiefers bis zum hintern Winkel 2" 9''', Breite an den hintersten Zähnen 3½''', Entfernung der Oberkieferspitze vom vordern Augenhöhlenrande 2" 2'''. — Ich möchte in diesem Exemplare nur die grösste und kräftigste Form, in welcher der B. Münsteri auftritt, anerkennen.

2. B. Kochii *Münst.*

Münst. im Jahrb. f. Min. 1836 S. 581. — *Ag.* II. b. p. 143.

Obwohl Agassiz diese Art, die nur auf ein einziges Exemplar von Kelheim begründet wurde, annimmt, so weist er doch zugleich auf ihre

Verwandtschaft mit B. Münsteri hin. Wie bei diesem sind die Kiefer gleich lang, aber nicht bloss diese, sondern auch der übrige Schädel und der ganze Leib ist ungleich schlanker und schmächtiger, als bei jenem. Länge des Körpers 10″ 5‴, Entfernung des vordern Augenhöhlenrandes von der Oberkieferspitze 1″ 6‴, Breite des Rumpfes kaum 1″ erreichend. — Wie schon vorhin erwähnt, betrachte ich als ein zweites Exemplar dieser Art den Aspidorhynchus lepturus *Ag.*, der ebenfalls von Kelheim herstammt. Beide zeichnen sich durch eine glänzend rothbraune Färbung aus. — Ein anderes, ebenfalls von Kelheim stammendes Exemplar, das Münster als *B. longimanus* bezeichnete, und das etwas kleiner ist, möchte ich ebenfalls hieher stellen, wenn es nicht etwa als jüngeres Exemplar von B. Münsteri anzusehen wäre.

3. B. sphyraenoides *Ag.*

Ag. II b. p. 140 tab. 47ᵃ fig. 5. — *B. brachysomus Ag.* II b. p. 297.

Anfänglich hatte Agassiz die beiden Exemplare, die ihm vorlagen, in zwei Arten geschieden, die er später wieder vereinigte. Mit B. Münsteri findet er diesen B. sphyraenoides in Uebereinstimmung dadurch, dass beide Kiefer gleich lang sind, unterscheidet ihn aber von jenem, dass der Schädel verhältnissmässig minder lang, die Kiefer robuster und die Wirbel höher als lang sind; zugleich ist der Rumpf sehr schlank. Ueber den Unterschied von B. Kochii gibt Agassiz nichts an. Will man ihn indess von selbigem trennen, so liegt die Differenz darin, dass bei B. sphyraenoides die Grösse beträchtlich geringer und zugleich der Körper auffallend schmächtiger ist. Die Länge des abgebildeten Exemplares ist 6″ 9‴, die Entfernung des vordern Augenhöhlenrandes von der Oberkieferspitze ist 1″ 4½‴, die Breite des Rumpfes fast 7‴. Fundstätten sind Eichstädt und Solenhofen. — Zu dieser Art könnte auch *B. angustus Münst.* von Kelheim und Zant gehören, doch sind an den

2 Exemplaren beide Kiefer abgebrochen, so dass eine sichere Bestimmung nicht möglich ist.

4. B. tenuirostris *Ag.*

Ag. II b. p. 143, 297. — *B. subulatus Ag.* p. 143, 297.

Nächst B. Münsteri die häufigste Species, welche bei Solenhofen und Eichstädt gefunden wird, und die sich von den 3 vorhergehenden Arten schon gleich dadurch auffallend unterscheidet, dass die beiden Kiefer nicht gleiche Länge haben, sondern der obere um ¼ bis ⅓ länger als der untere ist. Die ganze Leibesform ist schlank und zierlich, was insbesondere auch von dem Schädel und dem sehr langen Oberkiefer gilt, der in einer Flucht von jenem auslaufend allmählig sich immer mehr verdünnt und mit einer feinen Spitze endigt. Sowohl in dem Längenverhältniss des Oberkiefers zum Unterkiefer, als auch in dem zur ganzen Körperlänge gibt es nach den Individuen mancherlei Verschiedenheiten, die ein ziemliches Schwanken in diesen Beziehungen kundgeben. Einige Ausmessungen verschiedener Exemplare mögen diess näher erläutern.

	Nr. 1.	Nr. 2.	Nr. 3.	Nr. 4.	Nr. 5.
Ganze Körperlänge	12" 2'''	12" 2'''	10" 2'''	8" 2'''	3" 9'''
Vom vordern Augenrande zur Oberkieferspitze	2 6	2 11	2 11	1 10	0 11

Bei einem einzelnen Schädel beträgt die letztere Entfernung sogar 3" 5'''. — Die Wirbel sind, wie schon Agassiz angibt, länger als hoch. Nur bei einem Exemplare, dessen Maasse ich unter N. 4 angab, sind sie merklich höher als lang; ich habe daher dasselbe als Var. brevivertebralis bezeichnet.

Auch den *B. subulatus Ag.* möchte ich mit B. tenuirostris vereinigt wissen. Er beruht auf einem einzigen Exemplare, das gleich, an der Afterflosse abgebrochen und dessen Schädel nur im Abdrucke aufbewahrt ist. Die Länge bis zur Afterflosse beträgt 6" 9'''; die Entfernung des vordern Augenrandes von der Oberkieferspitze ohngefähr 2''', die Breite des Rumpfes 7½'''. Agassiz sagt nichts weiter als: „eine sehr schlanke, mit B. Münsteri verwandte Art, deren Oberkiefer um ⅕ länger ist, als der untere". Nach vorstehenden Angaben halte ich es nicht für zulässig, in diesem B. subulatus eine selbstständige Art anzuerkennen, wohl aber könnte er zugleich mit andern Exemplaren bei denen der Unterkiefer nicht in demselben Maasse als bei den übrigen verkürzt ist, als besondere Varietät des B. tenuirostris erklärt werden [1].

B. G. disciferi. Scheibenschupper.

Schuppen dünn, kreis- oder scheibenförmig, mit schwachem Schmelzbelege, ohne gegenseitige Ineinanderfügung, indem sie nur dachziegelartig übereinander liegen. — In dieser Abtheilung kommen die sämmtlichen Stadien in der Entwicklung der Wirbelsäule zum Vorschein, indem die Einen es bloss zu einer nackten Rückensaite, theils ohne, theils mit Halbwirbeln bringen, während die Andern vollständige Wirbelkörper wie bei den ächten Knochenfischen erlangen. Die Scheibenschupper bilden 4 Familien: *Hohlstachler*, *Salmschupper*, *Breitschwänze* und *Kahlflosser*.

---

[1] Noch führt Agassiz eine Art als *B. centralis* auf mit folgender Charakteristik: „sehr gedrückte Art mit grossem und dickem Kopfe. Strahlen der Bauchflossen kurz und breit, letztere Flosse sehr abgerückt". Das einzige Exemplar von Solenhofen, das davon vorliegt, befindet sich in einem sehr beschädigten Zustande: der Schädel ist zerquetscht, die beiden Kiefer sind abgebrochen und die Schwanzflosse nebst einem Stück des Schwanzstieles fehlt. Die Länge dieses Ueberrestes, wie er vorliegt, ist noch 13'''; der Rumpf hat eine Breite von 1'''. Was von den Bauchflossen ausgesagt ist, gilt für alle Arten von Belonostomus, und da die beiden Kiefer verstümmelt sind, so muss ich dieses Exemplar unbestimmt lassen.

V. Familie.
COELACANTHI. HOHLSTACHLER.

Eine der auffallendsten Formen unter allen Ganoiden sowohl dadurch, dass die nackte Rückensaite die ganze Schwanzflosse durchbohrt und über sie hinausragt und dieses freie Ende beiderseits mit gegliederten Strahlen besetzt ist, als auch dadurch, dass die Strahlen der Schwanzflosse nicht unmittelbar mit den Dornfortsätzen in Verbindung stehen, sondern diese erst durch eingeschobene Zwischenstrahlen vermittelt wird. Die Rückensaite ist ganz nackt, indem sie nicht einmal Halbwirbel hat, so dass die Dornfortsätze, die knöchern sind, mit einer Art Gabel unmittelbar der Rückensaite, oben wie unten, ansitzen. Alle Flossen sind vorhanden, die Brustflosse beiderseits und die Rückenflosse sogar doppelt, und sämmtliche Flossen sind gegliedert, aber ihre Strahlen ungetheilt. Von dieser Beschaffenheit sind wenigstens die 3 Gattungen: Macropoma, Coelacanthus und Undina, auf welche ich zunächst diese Familie beschränke. Bei beiden letzteren Gattungen sind die Knochenstrahlen hohl; von Macropoma ist dieses Verhalten noch nicht sicher erhoben. Uebrigens ist das Vorkommen hohler Dornfortsätze und Strahlenträger kein dieser Familie ausschliessliches Merkmal, da es auch an gewissen Pycnodonten und Stören beobachtet wurde [1]. Die Schuppen sind gross, dünn, hinten abgerundet und wenigstens bei Macropoma mit Schmelz belegt. In den lithographischen Schiefern ist die Familie der Coelacanthi durch die Gattung *Undina* repräsentirt.

XX. Undina *Münst.*

Münster stellte schon im Jahre 1834 die Gattung Undina auf, vereinigte sie aber später mit Coelacanthus, nachdem ihm diese Gattung aus der Beschreibung von Agassiz bekannt geworden war. Letzterer

---

[1] Vgl. *Heckel* in den Wiener Denkschriften XI S. 9.

billigte indess diese Vereinigung nicht, indem er auf den wesentlichen Unterschied in der Bildung der Zähne hinwies. Dasselbe gilt für Macropoma, das nach der Zähnelung der Flossenstrahlen und, wie es scheint, auch nach der Beschaffenheit der Beschuppung mit Undina noch näher verwandt ist. Von letzterer Gattung hat Münster 2 Arten, beide von Kelheim, aufgestellt, nämlich U. striolaris und U. Kohleri; eine dritte von Cirin hat ihr Thiolliéro als U. cirinensis beigefügt und neuerdings habe ich von letzterem Fundorte ebenfalls eine neue Art erhalten, die ich als U. minuta bezeichnete. Da Agassiz und Münster die Eigenthümlichkeiten dieser Familie schon hinreichend erörtert haben, so kann ich mich mit einigen ergänzenden Bemerkungen begnügen.

Ueber die Beschaffenheit der *Zähne* lassen unsere beiden Exemplare keinen befriedigenden Aufschluss zu. Bei dem einen fehlen sie ganz, bei dem andern sind sie zugleich mit den Kiefern in einem sehr beschädigten Zustande. Was man an dem sehr verdrückten und verbrochenen Unterkiefer noch sehen kann, ist etwa folgendes. Auf seiner linken Hälfte sitzt zuvörderst eine unregelmässig ovale Platte von einer Linie Durchmesser, die dicht mit glatten, aufrechtstehenden, zitzenförmigen und stumpfspitzigen Wärzchen besetzt ist. Hinter dieser zeigt sich eine zweite, aber schmälere Platte mit ähnlichen Wärzchen. Ihr folgt hinterwärts eine dritte ähnliche, etwas kleinere Platte; während aber bei der zweiten ihr Längsdurchmesser quer zur Axe des Kiefers steht, liegt er bei der dritten Platte in gleicher Richtung mit letzteren. Dass gegen das Vorderende des rechten Kieferastes ähnliche Zahnplatten vorkommen, lässt sich nur aus ihren hinterlassenen Stümmeln schliessen. — Aehnliche Zähne sind bisher von Coelacanthus und Macropoma nicht bekannt geworden; mit Zähnen von Gyrodus, mit denen sie verglichen wurden, haben sie jedoch keine Aehnlichkeit[1].

---

1) Ueber den Zahnbau macht *Thiollière* in seinem grossen Werke S. 10 Folgendes bemerklich: „Die Zahnplatten sind nicht allein wie die der U. Kohleri

Bekanntlich ist bei den Coelacanthen die Schwanzflosse noch dadurch ausgezeichnet, dass bei ihr zwischen den Dornfortsätzen und den Flossenstrahlen eigenthümliche Flossenträger eingeschoben sind, was ein sonst ungewöhnliches Verhalten ist. Dagegen nehme ich jetzt an den hiesigen Exemplaren wahr, dass den beiden Rückenflossen nebst der Afterflosse die gewöhnlichen Flossenträger ganz fehlen, wofür an ihre Stelle eigenthümliche gabelförmige, am Vereinigungspunkt in eine flache Scheibe ausgebreitete Gebilde treten. Schon auf der Abbildung, welche Agassiz von Macropoma Mantellii tab. 65ª gibt, sieht man in einiger Entfernung von der zweiten Rückenflosse eine solche Scheibe mit ihrer Gabel; eben so deutlich stellt sich dieselbe an unsern Exemplaren von Kelheim und Cirin ein und zwar immer in der Weise, dass die untere Zinken zwischen die Enden der Dornfortsätze eingreift, während der andere horizontal über letztere sich ausstreckt. Vor der ersten Rückenflosse findet sich eine ähnliche Scheibe mit ihrer Gabel, aber dicht an die Flosse selbst angerückt. Auch vor der Afterflosse stellt sich eine ähnliche Gabel mit länglicher Scheibe ein, liegt aber horizontal und ist von der Flosse ziemlich abstehend.

An den Exemplaren von Kelheim war nichts von den Rippen wahrzunehmen; dagegen zeigen sie sich sehr deutlich an der U. minuta von Cirin; sie sind sehr kurz und sitzen bloss mit einem Knöpfchen unmittelbar der nackten Rückensaite an.

Thiollière hat zuerst darauf aufmerksam gemacht, dass über der gewöhnlichen Brustflosse noch eine andere ansitze, die er als nageoire scapulaire bezeichnete. An unsern Exemplaren von Kelheim kann man von diesem Verhalten nichts wahrnehmen, wohl aber an der U. minuta,

---

und striolaris granulirt, sondern auch mit mehr oder minder spitzen Zähnen bedeckt, wovon die einen sehr klein, die andern viel grösser sind. Die Contur der Platten ist nicht viereckig, sondern unregelmässig oval. Ausserdem sehe ich einige isolirte konische Zähne am Vordertheil des Mundes.

wo beide Flossen deutlich vorliegen. Wahrscheinlich stossen dieselben an einer gemeinschaftlichen Basis zusammen. Doch kann ich hierüber keine Gewissheit geben, da an letzterwähntem Exemplare gerade an dieser Stelle ein breiter Riss durch die Platte geht.

Noch habe ich es als einer Merkwürdigkeit zu gedenken, dass ähnlich wie bei Macropoma bei unsern 3 Exemplaren von Kelheim und Cirin der grosse cylindrische Magen mit glatter, schaliger Wandung zu erhalten sich darstellt.

Münster kannte von dieser Gattung 5 Exemplare, die sämmtlich bei Kelheim gefunden wurden, und wovon uns mit seiner Sammlung 2 zugekommen sind, aus deren jedem er eine besondere Art errichtete.

1. U. penicillata *Münst.*

Münst. im Jahrb. f. Min. 1834 S. 539. — *Coelanthus striolaris* u. *Kohleri. Münst.* a. a. O. 1842 S. 38; Beiträge V S. 56 tab. 2. — *Ag.* II b. p. 171.

Die beiden Arten von Münster scheinen mir nur auf einer Verschiedenheit des Erhaltungszustandes und der Grösse zu beruhen.

Var. a) U. *Kohleri Münst.* — Ein grosses, aber sehr mangelhaftes Exemplar, dessen Länge etwas über 13″ und die grösste Breite der Schwanzflosse 3″ 4‴ beträgt. Die Strahlen der Schwanzflosse sind auf ihrer Aussenseite und die der Bauchflossen auf ihrer Vorderseite sägenartig gezähnt, ein Merkmal, was auch bei Macropoma, aber nicht bei Coelacanthus vorkommt. Die Schuppen, von denen einige Reste wahrnehmbar sind, kommen ebenfalls mehr mit ersterer, als mit letzterer Gattung überein, denn ähnlich wie bei Macropoma auf Tab. 65^b von Agassiz, sind die Schuppen hinten zugespizt und mit kleinen Längswulsten (von Münster mit Fliegenciern verglichen) versehen, nur sind letztere ungleich spärlicher, von einander isolirt und reichen nicht bis zum Schuppenrande.

Var. b) U. *striolaris Münst.* — Ein kleineres Exemplar, das zwar

seinen Körperumriss gut erhalten hat, in manchen Stücken aber doch
dem vorigen nachsteht. Während nämlich bei U. Kohleri die Knochenmasse bestens conservirt ist, beruht die U. striolaris grösstentheils nur
auf einem Abdruck, wo die Conturen nicht immer scharf ausgeprägt
sind und daher weder die Zähne an den Flossenstrahlen, noch Form
und Granulirung der Schuppen sicher wahrnehmbar ist [1].

III. Familie.
CATURINI. SALMSCHUPPER.

Gestalt oval, Zähne spitz und in einfacher Reihe auf den Kiefern;
die nackte Rückensaite mit getrennten Halbwirbeln oder ringförmigen
Hohlwirbeln.

---

1) Aus der älteren Sammlung liegt eine kleine Platte aus dem lithographischen Schiefer vor, worauf ein Bruchstück von der zweiten Rückenflosse einer
Undina abgelagert ist. Dasselbe besteht aus 5 ganzen Flossenstrahlen und den
Endspitzen von 2 andern; sämmtlich in geschlossener Reihe. Die vollständigen
Strahlen haben eine Länge von 3" 6''', sind also doppelt so lang als bei U. Kohleri, was demnach auf ein doppelt so grosses Thier schliessen lässt. Sowohl nach
dieser ansehnlichen Grösse, als noch mehr aus dem Umstande, dass die Strahlen
weit enger und daher weit zahlreicher als bei den beiden Exemplaren von Kelheim gegliedert sind, lässt sich auf eine besondere Art schliessen. Einstweilen
habe ich diese Platte mit dem Namen l'ndina major bezeichnet. — Wie schon
erwähnt, hat Thiollière nach einigen, wenngleich mangelhaften Exemplaren von
Cirin eine U. cirinensis aufgestellt, die er von U. ponicillata dadurch unterscheidet, dass sie etwas kleiner sei und dass sich die Schwanzflosse nicht so lang an
Rumpfe hinziehe, und ihre grossen Strahlen minder zahlreich (15 oben, 13 unten)
wären. Diese Art, die mir nicht streng genug begründet erscheint, kenne ich
nicht; dagegen habe ich von Cirin ein Exemplar erhalten, bei dem schon seine
geringe Grösse von nur 6" die Selbstständigkeit der Art wahrscheinlich macht;
ich habe sie U. minuta benannt.

Hieher gehören die 3 Gattungen Caturus, Eurycormus und Liodesmus; mit letzterer dürfte wahrscheinlich Coccolepis zu verbinden sein.

XXI. Caturus *Ag.*

Wenn Agassiz von dieser Gattung, die er anfänglich *Uraeus* nannte, sagt, dass ihr vorwiegender Charakter darin bestehe, keinen vorspringenden Oberkiefer zu haben, so ist sie gleichwohl durch Zusammenfassung mehrerer Merkmale ungemein scharf von allen andern abzugrenzen. Diese Merkmale liegen in der Beschaffenheit ihrer Beschuppung, ihres Gebisses und ihrer Rückensäule.

Die Beschuppung ist sehr dünn, daher die Schmelzlage, deren Vorhandensein sogar von Einigen bezweifelt wird, sehr schwach. Die Schuppen sind ungezähnt, in der Vorderhälfte des Rückens rautenförmig, im weitern Verlaufe abgerundet; sie fallen leicht ab. Durch diese Beschaffenheit der Beschuppung schliesst sich Caturus an die Kreisschupper an und entfernt sich hiemit auffallend von den Rautenschuppern mit dicker Schmelzlage.

Nach dem Zahnsysteme gehört diese Gattung zu den am meisten räuberischen Fischen. Der Schnauzentheil des Schädels ist weit vorgestreckt und zugespitzt, die Mundspalte ist sehr lang und gerade, die Kiefer lang und schmächtig. Der Unterkiefer läuft vorn spitzig zu und dehnt sich hinten in einen langen, spitzen Winkel aus. Besonders charakteristisch ist der Oberkiefer, denn an ihm ist sehr leicht diese Gattung zu erkennen. Er gleicht einem schmalen Balken, der von seinem hintern Ende her anfangs etwas aufwärts, dann ein wenig abwärts und zuletzt wieder schwach aufwärts gebogen ist. Sowohl der Unter-, als Ober- und Zwischenkiefer sind mit einer einfachen Reihe langer, schmaler, kegelig zugespitzter und gleichförmiger Zähne gut besetzt; Ungleichförmigkeit entsteht nur dadurch, dass jüngere Zähne zwischen den älteren hereinbrechen. Auch der Vomer und die Gaumenbeine sind mit Zähnen versehen.

Ueber die Beschaffenheit der Rückensäule war man früher nicht im Klaren; Agassiz begnügt sich zu sagen: die Wirbel sind kurz und breit (hoch); Quenstedt gibt an: die Wirbelkörper pflegen zerstört zu sein. Erst Heckel zeigte, dass eigentliche solide Wirbel gar nicht vorhanden sind, und stellte Caturus zu derjenigen Gruppe von Ganoiden, bei welcher nur getrennte Halbwirbel vorkommen, d. h. halbe Hülsen. welche die weiche Rückensaite bloss oben und unten bedecken, an beiden Seiten aber völlig nackt lassen. Von dieser Beschaffenheit ist allerdings die Rückensäule bei der Mehrzahl der Arten von Caturus: zwischen den Halbhülsen der obern und untern Reihe bleibt ein nackter, glatter, unabgetheilter, breiter Raum, den am lebenden Thiere die weiche chorda dorsalis erfüllte. Von diesem Typus macht jedoch Caturus furcatus mit seinen Verwandten, dem C. maximus und latus, eine Ausnahme, die Heckel aus Mangel an geeigneten Vorlagen entgangen war. Man sieht hier nämlich an manchen Exemplaren, wenigstens stellenweise, vollständig erscheinende Wirbel neben einander liegen, die aber wie eingebrochen oder zerdrückt sich darstellen. An andern Stellen dagegen erkennt man, dass sie keineswegs solide Wirbelkörper bilden, sondern dass es Hohlwirbel sind in ähnlicher Weise wie bei Pholidophorus obscurus. An einem grossen Exemplare des C. furcatus von Kelheim ist auf eine Strecke hin die Vorderwand mehrerer solcher Wirbel weggebrochen und hat sich nur die hintere erhalten, zum Zeichen, dass sie innen hohl sind und also nur die Peripherie der Rückensaite umhüllen, wie diess der Fall ist mit denjenigen, welche Heckel als ringförmig verbundene Halbwirbel bezeichnete. Aechte Wirbel gehen also der ganzen Gattung Caturus ab; es zeigt sich jedoch an ihren Stellvertretern ein Unterschied: bei den einen, wie sie vorhin genannt wurden, hat die Rückensaite ringsum eine feste Umhüllung, bei allen andern bedeckt sie letztere nur oben und unten. Darnach eine Scheidung in 2 Gattungen vorzunehmen, erscheint mir nicht als nothwendig. es wird genügen, 2 Unterabtheilungen bei Caturus anzubringen.

Noch ist von der Wirbelsäule des Caturus bemerklich zu machen, dass in ihrem hintern Verlaufe die obern wie die untern Dornfortsätze sich so gedrängt auf einander legen, dass sie beiderseits eine geschlossene Wand bilden.

Agassiz hat 9 Arten von Caturus aus dem lithographischen Schiefer aufgestellt, doch hat er selbst schon die Bemerkung beigefügt, dass die Unterscheidung der Arten, zumal bei dem beschädigten Zustand der Exemplare, sehr schwierig sei, so dass manche Bestimmungen nur als provisorisch zu betrachten sein dürften. Von diesen 9 Arten habe ich 7 beibehalten, während ich den *C. macrodus* mit *C. furcatus* vereinigte und den *C. branchiostegus*, von dem nur ein Unterkiefer mit einer Parthie der Kiemenstrahlen vorliegt, unter den kleinern Arten, zu denen er gehört, nicht ausfindig machen konnte. — Diese Gattung kommt auch nicht selten bei Nusplingen und Cirin vor und von letzterem Orte unterscheidet Thiollière 5 Arten, nämlich 3 bekannte, C. furcatus, latus und elongatus, und 3 neue, C. velifer und C. Oriani, von denen jedenfalls der vorletzt genannte eine bei uns nicht vorkommende Species ausmacht.

†) mit ringförmigen Hohlwirbeln.

1. C. maximus *Ag*

Ag. II p. 118, b. p. 294.

Ueber diese Art sagt Agassiz nichts weiter aus als: „eine merkwürdige Species wegen der ungewöhnlichen Länge ihrer Schwanzlappen, die bisweilen einen Fuss lang sind; die Schindeln, welche dem Hauptstrahle ansitzen, sind mehr losgelöst als bei C. furcatus." — Ausser einem 8" langen Schwanzlappen, den Agassiz selbst als von C. maximus herrührend, etikettirte, ist neuerdings aus der Eichstädter Sammlung eine Schwanzflosse von ein Fuss Länge hinzugekommen. Ausserdem ist noch eine grosse Platte aus der Häberlein'schen Sammlung vorhanden, mit einem Individuum, das ohne Schwanzflosse fast eine Länge von drittehalb Fuss erreicht. Leider ist dasselbe ganz zertrümmert, so dass eine detaillirte Beschreibung nicht gegeben werden kann, nur dass der Grössenunterschied von C. furcatus höchst beträchtlich ist. So misst z. B. an jenem grossen Individuum die Brustflosse, obgleich sie nicht vollständig ist, $5\frac{1}{2}'''$; einer der vordern Hohlwirbel ist 9 Linien hoch. Quenstedt besitzt gleichfalls ein Exemplar von dritthalb Fuss, dessen Schwanzflosse $\frac{1}{2}$ Fuss hoch ist. Fraas führt von Nusplingen eine Fuss grosse Schwanzflosse an. Nach Maassgabe unseres grössten Exemplares von C. furcatus würde der C. maximus von der Kieferspitze bis zur Mitte der Schwanzflosse eine Länge von 3 Fuss, also fast das Doppelte von C. furcatus erreicht haben. — Ausser der Grösse lässt sich kein weiterer Unterschied von C. furcatus angeben, so dass die Frage aufgeworfen werden kann, ob nicht der C. maximus das Maximum der Grösse des ersteren darstellt.

2 C. furcatus Ag.

Ag. II p. 116 tab. 56ª. — *C. macrodus*. Ag. II p. 118, b. p. 294.

Von dieser Art, die Agassiz anfänglich als *C. nuchalis* bezeichnete, besitzen wir Exemplare von Solenhofen, Eichstädt, Kelheim und Daiting, also aus dem ganzen Verbreitungsbezirke des bayerischen lithographischen Schiefers; sie ist aber auch bei Nusplingen und Cirin gefunden worden. Die uns vorliegenden Exemplare haben eine Länge (bis zur Mitte der Schwanzflosse) von 11 bis 21 Zoll. Das grösste und sehr schön erhaltene von Eichstädt ist 21" 4''' lang und an der höchsten Wölbung des Rumpfes 6" breit; die Rückenflosse ist 3" und die Schwanzflosse 7" lang. Es ist diess ein ganz regelmässig gestalteter Fisch von Lachsform, der gut beleibt war. Nicht selten finden sich aber Exemplare, deren Leib unförmlich ausgedehnt ist, bald nur nach dem obern und untern Rande hin, bald nach beiden zugleich.

Als zu C. furcatus gehörig, muss ich den C. macrodus bezeichnen, welchen Agassiz nach einem von Eichstädt herstammenden Exemplare der hiesigen Sammlung aufstellte. Es hat dasselbe eine Länge von etwas mehr als 11 Zoll und ist in einem sehr üblen Zustande, der eine sichere Bestimmung unmöglich macht. Schon Agassiz vermuthete, dass dieser Fisch nur eine Varietät des C. furcatus sein würde; und für diese Meinung spricht das ganze Ansehen desselben.

3. C. latus Münst.

Ag. II p. 117 tab. 56.

Dem einzigen, von Solenhofen herrührenden Exemplare aus der Münster'schen Sammlung, worauf Agassiz diese Art begründete, ist kein weiteres nachgefolgt, denn alle andern, die ihm zunächst stehen, gehören bereits der folgenden Art an. Es ist ein sehr regulär geformter Fisch, der jedoch seine ganze Beschuppung verloren hat. Seine Länge beträgt 8″, die grösste Rumpfbreite 2½″, die Rückenflosse ist 1″ 5‴ hoch, die Schwanzflosse am Ausscnrando 2″ 8‴ lang. Losgetrennte, hinter einander liegende Halbbögen von ringförmig verbundenen Halbwirbeln zeigen sich im Vordertheil der Rückensäule in ähnlicher Weise wie bei dem Pholidophorus obscurus; sie sind auch in der Abbildung von Agassiz angedeutet. Bei der grossen Aehnlichkeit, die dieser C. latus mit C. furcatus darbietet, hält Agassiz es für leicht möglich, dass jener nur eine Altersabänderung des letzteren sein dürfte, womit ich gleichfalls übereinstimme.

††) ohne ringförmige Hohlwirbel.

4. C. cyprinoides *Wagn.*

Nach 3 sehr schönen Doppelplatten aus der Eichstädter Sammlung habe ich diese Art aufgestellt, die nach ihrer Grösse und breiten Leibesform die grösste Aehnlichkeit mit C. latus hat, sich aber sogleich dadurch unterscheidet, dass sie keine ringförmigen Hohlwirbel hat, sondern dass zwischen den kurzen obern und untern Halbwirbeln ein breiter, glatter, unabgetheilter Zwischenraum liegt, den ehemals die weiche Rückensaite erfüllte. Dazu kommt nun noch, dass die Rückenflosse kürzer und die Schnauze spitziger ist. Das Gebiss ist sehr kräftig. Länge 9″, Rumpfbreite 2″ 7½‴, Rückenflosse 1″ 2‴ hoch, Schwanzflosse am Aussenrande 2″ 8 bis 11‴. Ein kleineres Exemplar ist nur 7″ lang.

5. C microchirus *Ag.*

Ag. II p. 118, b. p. 294.

Agassiz konnte diese Art nur auf einen einzelnen, von Solenhofen stammenden Schädel, dem noch die Brustflossen beigefügt waren, begründen; vier in neuerer Zeit erhaltene vollständige Exemplare in Doppelplatten, von ersterem Fundorto und Eichstädt herrührend, bestätigen die Selbstständigkeit dieser Art. Sie hat viele Aehnlichkeit mit dem C. cyprinoides, ist auch noch von ziemlicher Breite, aber doch lange nicht in demselben Maasse, dabei ist der Leib kürzer zusammengedrängt, der Kopf ebenfalls kürzer, breiter und insbesondere sehr stumpf abgerundet. Mit Ausnahme der Schwanzflosse sind die übrigen Flossen von mässiger Entwicklung. Länge 6″ 4‴, Rumpfbreite 1″ 10‴; ein Exemplar ist kleiner und schlanker, ein anderes länger und breiter, als das gemessene, alle aber haben den kurzen abgerundeten Kopf.

6. C. elongatus *Ag.*

Ag. II p. 118, b. p. 293.

Es ist nur ein einziges Exemplar in der hiesigen Sammlung, das Agassiz mit diesem Namen etikettirte. Als auszeichnende Merkmale gibt er an, dass der Körper gestreckter ist, als bei jeder andern Art, fast in einer Flucht verlaufend, und dass Kopf und Rückenflosse gross sind. Unser Exemplar ist nicht mehr im vollständigen Zustande und fehlt ihm auch die Schnauzenspitze. Die Länge desselben beträgt gegen 8″, die grösste Rumpfbreite kann nicht gemessen werden, da sich der Leibesumriss in der vordern Körperhälfte nicht erhalten hat, doch lässt sich so viel schliessen, dass die Breite nicht erheblich gewesen sein wird. Vom C. microchirus unterscheidet sich dieses Exemplar auch noch durch längeren und spitzeren Kopf und die grössere Rückenflosse. Von Solenhofen.

Zu diesem C. elongatus rechne ich auch noch einige gut erhaltene Exemplare von Eichstädt, die zwar merklich kleiner sind, sonst aber zu ihm passen. Von C. microchirus unterscheiden sie sich durch die gestrecktere Leibesform und insbesondere durch den längeren und spitzigeren Schädel. Das grösste Exemplar ist etwas über 6″ lang und 1″ 8″′ breit.

Noch näher an das Original-Exemplar schliessen sich 2 kleinere von Solenhofen und Eichstädt an, die ich in hiesiger Sammlung als C. fusiformis bezeichnete. Bei ihnen verläuft der Rumpf wirklich fast in einer Flucht, indem er von vorn an nach hinten sich ganz allmählig verschmälert; der Kopf ist von gleicher Form wie bei den andern Exemplaren. Länge 5″, grösste Rumpfbreite 1″ 2″′. Man möchte fast eine eigene Art daraus errichten.

7 C. pachyurus *Ag.*

Ag. II p. 118.

Von dieser Art erwähnt Agassiz weiter nichts, als dass sie sich durch ihren dicken Schwanz, sowie dadurch unterscheide, dass der Körper ganz in einer Flucht verlaufe. Wir besitzen von dieser ausgezeichneten Species mehrere Exemplare von Solenhofen, Eichstädt und Kelheim in verschiedenen Grössen. Von allen vorhergehenden Arten differirt sie auffallend durch ihren langgestreckten und nur sehr wenig in der Mitte sich erweiternden Leibesumriss, sowie durch die Kürze und Höhe des Kopfes. Die Profillinie des letzteren setzt sich fast unmittelbar in die nur sehr schwach gewölbte Rückenlinie fort und auch die Bauchlinie ist am hintern Ende bloss schwach eingezogen, so dass die Schwanzflosse an einem ziemlich breiten Schwanzstiele ansitzt. Die Flossen sind gut entwickelt, insbesondere die Rückenflosse. Die Kiefer sind mit starken Zähnen versehen, von denen die untern merklich grösser sind. Sie finden sich ziemlich zahlreich vor, wovon nur ein Exemplar eine Ausnahme zeigt, indem bei ihm der Unterkiefer bloss vier weit auseinander stehende Zähne aufweist. Dieser spärliche Besatz erregt anfänglich ein befremdliches Ansehen, doch überzeugt man sich bald, dass diese Reduktion der Zähne wohl nur dadurch entstanden ist, dass bei ihrer Auslösung aus dem harten Gesteine mehrere derselben zerstört worden sind. — Im Nachstehenden gebe ich die Ausmessungen von 3 Exemplaren zugleich mit denen von den beiden nachfolgenden Arten.

	C. pachyurus			C. contractus	C. gramulatus
	I.	II.	III.		
Länge bis zur Mitte der Schwanzflosse	7" 0'''	5" 8'''	4" 4'''	4" 8'''	4" 8'''
Länge des Kopfes	1 6	1 4	1 0	1 2¼	1 1¼
Breite des Rumpfes vor der Rückenflosse	1 8	1 4¼	1 0	1 3¼	1 5
Abstand der Rückenflosse von der Kieferspitze	3 7¼	3 1¼	2 4	2 3	2 4

Die Schuppen sind sehr klein und dünn.

8. **C. contractus** *Wagn*

So ähnlich auch diese Art, von der nur ein einziges Exemplar von Solenhofen vorliegt, dem C. pachyurus ist, so unterscheidet sie sich doch von letzterem sehr erheblich durch den gedrängteren und weit robusteren Körperbau, wie diess die vorhin angeführten Maasse ausweisen.

Auch ist die hohe Rückenflosse etwas mehr vorgerückt und der Kopf verhältnissmässig grösser und kräftiger. Die Zähne in beiden Kiefern sind zahlreich.

9. *C. granulatus Münst.*

Münst. im Jahrb. f. Min. 1842 S. 44.

Auch diese Art ist mit C. pachyurus und C. contractus verwandt, aber doch im Habitus auffallend verschieden. Der Rumpf ist noch gedrängter und breiter, als selbst bei letztgenannter Art, namentlich hält er in seiner ganzen Breite durch die Vorderhälfte aus, während er hinter der Rückenflosse sich schnell verschmälert. Zugleich ist der Kopf sowohl nach der Höhe als Länge weit kleiner als bei den beiden vorigen Arten. Ganz eigenthümlich ist der Zahnbesatz des Unterkiefers. Es scheint nämlich dieser wirklich nur mit 6, weit auseinander gerückten Zähnen bewaffnet und keiner verloren gegangen zu sein; wenigstens hat am Gebiss keine Bearbeitung stattgefunden. Ferner beachtenswerth ist es, dass der zweite, dritte und vierte Zahn von hinten mit ihrer Spitze vorwärts gekrümmt sind, was bei den andern Arten nicht vorkommt. Die Schuppen sind noch kleiner, als bei diesen, so dass Münster sie mit der Chagrin-Haut eines Haies verglich. Von Kelheim.

10. C. macrurus *Ag.*

Ag. II p. 118.

Wird von Agassiz folgendermassen charakterisirt: „kleine Art von ohngefähr 4" Länge, untersetzt und mit kräftigem Skelete". Es liegen von dieser Art viele Exemplare von Solenhofen und Eichstädt vor. Was Agassiz vom Skelete angab, bezieht sich nur auf die knöchernen Fortsätze der Wirbelsäule, nicht aber auf die Wirbel selbst, indem diese gar nicht zur Ausbildung gelangt sind, sondern zwischen ihren Apophysen nur ein breiter, leerer Raum vorhanden ist. Nach ihrer äussern

Form ähnelt der *C. macrurus* zunächst einem kleinen *C. cyprinoides*; die Rückenlinie ist daher ziemlich stark gewölbt, die Bauchlinie weniger. Der Kopf ist zugespitzt und die Kiefer mit zahlreichen Zähnen besetzt. Die grössten Exemplare haben eine Länge von 4" 6''' mit einer Breite von 1" 3—4'''; die kleinsten sind wenig über 3" lang und von wechselnder Breite, indem der Rumpf bald robuster, bald schmächtiger ist. Letztere Form habe ich in der Sammlung als *C. gracilis* bezeichnet; sie bildet jedoch wegen der Uebergänge in die breitere Form nur eine Varietät.

, 11. C. o b o v a t u s *Münst.*

Münst. im Jahrb. f. Min. 1842 S. 44.

Eine sehr ausgezeichnete kleine Art mit dickem und kurzem Kopfe und noch breiterem, kurz zusammengedrängten Rumpfe, der nach hinten allmählig sich verschmälert und mit winzigen Schüppchen bekleidet ist. Länge 2" 10''', grösste Breite 11'''.

XXII. E u r y c o r m u s *Wagn.*

Eine neue Gattung (εὐρὺς, *breit;* κορμὸς, *Rumpf*), zu deren Aufstellung mich ein sehr gut erhaltenes, in einer Doppelplatte vorliegendes Exemplar von Eichstädt veranlasste.

Die Leibesform ist im Allgemeinen karpfenähnlich. Der Kopf ist ziemlich kurz und läuft nach vorn spitzig zu. Die Mundspalte ist aufwärts gebogen und die Kiefer sind stark. Das Gebiss ist nicht deutlich erhalten, doch sieht man, dass die Zähne hinten klein und spitz sind, während gegen das Ende des Unterkiefers ein längerer, aber sehr feiner Zahn sich einstellt. Die Augenhöhle liegt hoch oben am Kopfe; die Schädelplatten sind glatt. Die Beschuppung ist grösstentheils verloren gegangen, doch zeigen ihre Eindrücke, dass die Schuppen von ähnlicher Beschaffenheit mit der von Caturus waren, nur scheinen sie mehr rhombisch als rundlich, sonst aber ebenfalls sehr dünn. Die Flossen sind ziemlich stark entwickelt; die Rückenflosse ist lang und steht dem Raume, den die Bauchflosse und die Vorderhälfte der Afterflosse einnimmt, gegenüber. Letztere ist sehr lang und ihre Strahlen nehmen nach hinterwärts immer mehr an Länge ab; auch die Schwanzflosse ist von mässiger Grösse und tief gespalten. Die drei senkrechten Flossen tragen einen starken Schindelbesatz. Was die Wirbelsäule anbelangt, so scheint diese, so weit sich nach ihrer mangelhaften Erhaltung hierüber urtheilen lässt, zunächst mit der von Pholidophorus überein zu kommen. Es zieht sich nämlich zwischen den obern und untern Fortsätzen der Rückensäule weder ein glatter, unabgetheilter Raum hindurch, wie es bei Caturus der Fall ist, noch finden sich, wie bei Thrissops, solide Wirbel. Dagegen gewinnt es an den Stellen, wo das Rückgrath noch erhalten ist, den Anschein, als seien hier eingedrückte Wirbel vorhanden und an den andern Stellen, wo dasselbe ganz zerstört ist, zeigt sich durch unregelmässige Eindrücke eine Art Gliederung, woraus man schliessen darf, dass die Rückensäule aus ähnlichen halbirten Hohlwirbeln, wie bei Pholidophorus bestanden haben wird. Die hintern Dornfortsätze sind kräftig und liegen nicht, wie es bei Caturus vorkommt, dicht gedrängt auf einander, sondern stehen von einander ab, in ähnlicher Weise, wie es bei Pholidophorus gefunden wird.

Die neue Gattung Eurycormus steht in nahen verwandtschaftlichen Beziehungen mit einigen andern gleichfalls dünnschuppigen Gattungen. Mit Thrissops kommt sie in der Form des Schädels und der langen Afterflosse überein, unterscheidet sich aber wesentlich schon durch den Schindelbesatz der Flossen und durch Mangel an soliden Wirbeln. Mit Caturus stimmt sie durch die Beschuppung und den Habitus überein, entfernt sich aber weit davon durch die Form des Vorderkopfes und durch die Länge der Afterflosse, sowie dadurch, dass die hintern Dornfortsätze nicht an die Wirbelsäule angedrückt, sondern von ihr entfernt sind. Zu Pholidophorus neigt sie hin durch die Form des Schädels, der Rückensäule und der hintern Dornfortsätze, aber die Beschaffenheit der Beschuppung und der Afterflosse hält beide Gattungen entschieden aus einander. So bildet denn Eurycormus einen Typus, der zwar Beziehungen zu Thrissops, Caturus und Pholidophorus zeigt, gleichwohl aber von ihnen wesentlich verschieden ist und als selbstständige Gattung sich ankündigt. Im Systeme ist Eurycormus zunächst an Caturus anzureihen.

1. E. speciosus Wagn.
Tab. 1.

Es ist diess ein stattlicher Fisch von ziemlicher Breite, an welchem die Bauchlinie stärker gewölbt ist, als die Rückenseite. Die Strahlen der langen Rücken- und Afterflosse sind ziemlich von einander gerückt; in ersterer lassen sich 12, in letzterer ohngefähr 16 bis 17 Strahlen zählen.

Länge bis zur Mitte der Schwanzflosse		8″ 3‴
„ der Rückenflosse		1 1
„ der Afterflosse ohngefähr		1 4
Breite des Rumpfes		2 3

Das Exemplar stammt aus der h. Leuchtenberg'schen Sammlung von Eichstädt.

XXIII. Liodesmus Wagn.

Diese neue Gattung (λεῖος, glatt, δεσμός, Band) begründe ich auf drei, durch eben so viel Exemplare in der Münster'schen Sammlung repräsentirte Arten, nämlich auf die beiden schon von Agassiz abgebildeten Species: *Pholidophorus gracilis* und *Megalurus parvus*, und ausserdem auf den *Megalurus intermedius*, wie ihn Münster auf seinem Exemplare etikettirte, ohne ihn jedoch bekannt gemacht zu haben. Dazu kommt noch eine neue, bisher unbeschriebene Art. Höchst wahrscheinlich ist es mir ferner, dass auch die paradoxe Form *Coccolepis Buck-*

landi' hieher gehört, so dass alsdann die neue Gattung Liodesmus aus Bestandtheilen dreier älterer Gattungen zusammengesetzt wäre.

---

1) *Agassiz* kannte von *Coccolepis* nur ein einziges Exemplar, das bei Solenhofen gefunden wurde und in England aufbewahrt ist. Ihm zufolge würde Coccolepis die einzige Ausnahme von der allgemeinen Regel machen, dass alle Ganoiden, älter als die Juraformation, zu den heterocerken Fischen, alle jüngern von da an zu den homocerken Fischen gehören, indem bei Coccolepis, obwohl den lithographischen Schiefern zuständig, doch die Schwanzflosse nun gleichlappig sein soll. Was dieser Angabe indess gleich die Beweiskraft entzieht, ist der Umstand, dass Agassiz dieses Merkmal nicht gesehen, sondern nur gefolgert hat. Nach der Abbildung nämlich ist die Schwanzflosse nicht vollständig, sondern am Ende defekt. Agassiz sagt auch von ihr nur, dass der untere Lappen am besten entwickelt ist, und die Strahlen des obern nicht mehr sichtlich sind, während man dagegen deutlich wahrnimmt, dass die Wirbelsäule ins Innere des obern Lappens sich verlängert. Diess ist nun aber, wie ich entgegnen muss, die fast allgemeine Regel für alle Fische des lithographischen Schiefers, ohne dass durch den asymmetrischen Verlauf des Endes der Wirbelsäule eine Asymmetrie der Schwanzflosse selbst bedingt wäre, so dass ich eben desshalb vermuthe, dass letztere bei Coccolepis eine fächerartige Form oder doch nur seicht ausgeschnitten war. Die Beschaffenheit der Wirbelsäule ist nicht angegeben. Agassiz bezeichnet sie bloss als colonne vertebrale, so dass daraus nicht entnommen werden kann, ob sie aus knöchernen Wirbeln oder einer weichen chorda dorsalis besteht. Im ersteren Fall würde man auf Megalurus, im letzteren auf Liodesmus zu schliessen haben; mir kommt der zweite Fall als der wahrscheinlichere vor. Eine erneuerte Untersuchung des Originalexemplares von Coccolepis ist sehr wünschenswerth, weil durch eine solche allein die Streitfrage zur Entscheidung gebracht werden kann. —

Neuerdings hat *Thiollière* (Bullet. de la soc. géol. de France 1858 p. 782) eine neue Gattung *Callopterus* aufgestellt, über die er Folgendes sagt: „Callopterus, repräsentirt durch C. Agassizii, unterscheidet sich von allen andern Gattungen dadurch, dass die Wirbelsäule, die an ihrem Ende stark aufwärts gewendet ist, eine ausserordentliche Ungleichheit in der Entwicklung der untern Bögen der Schwanzwirbel in Bezug auf die obern zeigt. Diess ist der am besten charakterisirte Typus von Heterocerkie der Wirbelaxe, obwohl die Schwanzflosse fast gleich-

Die nächste Verwandtschaft von Liodesmus besteht mit Caturus, mit welchem erstere Gattung in der Beschaffenheit der Beschuppung und der Rückensäule, sowie in der Flossenstellung übereinkommt. Dagegen unterscheidet sie sich durch den ganzen Habitus, der mehr dem einer Schmerle (Cobitis barbatula) als einem kleinen Karpfen ähnlich sieht. Der kurze Kopf nämlich ist dicker als der Rumpf und dieser ist von einer walzigen, langstreckigen Form, die erst hinter der Rücken- und den Bauchflossen sich etwas verschmälert. Ein Hauptunterschied ist durch die Schwanzflosse gegeben. Bei allen Arten von Caturus ist diese tief gespalten wie ein Schwalbenschwanz und die Strahlen der beiden Lappen sind dicht an einander gedrängt; bei Liodesmus dagegen ist die Schwanzflosse entweder fächerförmig convex oder doch nur seicht ausgeschnitten und ihre Strahlen stehen mehr gelockert neben einander. Auf ihrer Oberseite trägt diese Flosse einen starken Besatz von Schindeln; auf der Unterseite gehen den längern Strahlen nur einige kürzere voran; alle andern Flossen scheinen unbewehrt. Beide Kiefer sind mit kleinen, spitzen Zähnen besetzt, der Unterkiefer ist an der Spitze etwas abwärts gebogen.

1. **L. gracilis** Münst.

Pholidophorus gracilis. Ag. II p. 285 tab. 42 fig. 2. — *Megalurus intermedius* Münst. in collect. — *Megalurus parvus* Münst. Ag. II b. p. 149 tab. 51 fig. 4.

Es ist schwer begreiflich, wie Münster die beiden erstgenannten

---

lappig ist. Die Haut ist nackt, ausgenommen ober und unter dem Schwanze, wo kleine Schmelzschuppen die Basis der beiden Reihen grosser Stacheln, welche der Schwanzflosse vorgehen, garniren. Die Wirbelsäule ist nicht vollständig verknöchert". — In dieser Charakteristik sind Merkmale aufgeführt, die so ziemlich auf Liodesmus und Coccolepis passen dürften, indess die Schilderung ist doch zu unvollständig, als dass man ein Urtheil wagen könnte.

Formen, die beide von Kelheim herrühren, nicht bloss an 2 verschiedene Arten, sondern selbst an 2 verschiedene Gattungen verweisen konnte, da sie in allen Stücken mit einander übereinstimmen, ausser in dem zufälligen der Lage, indem der M. intermedius im Profil, der Ph. gracilis dagegen sich von der Unterseite darstellt. Agassiz kannte letztere nur aus einer von Münster überschickten Zeichnung und wurde dadurch zur Angabe verleitet, dass die Wirbelsäule aus einer grossen Anzahl Wirbel besteht, während die letzteren ganz fehlen und nur eine breite nackte chorda dorsalis gerade so wie bei Caturus vorhanden war, Münster hatte der Zeichnung noch eine vergrösserte Abbildung von Schuppen beigefügt, von denen jedoch Agassiz bemerklich macht: „Die pentagonale Form dieser Schuppen ist noch ein Problem für mich." Ein solches musste es ihm freilich bleiben, weil auf beiden Exemplaren die Schuppen ganz fehlen und aus einigen undeutlichen Eindrücken vielmehr auf eine Form wie bei Caturus oder Megalurus geschlossen werden kann. Im Uebrigen ist der Kopf verhältnissmässig gross, die Dornfortsätze und Rippen sind zahlreich, aber kurz, auf dem Vorderrücken und über den letzten obern Dornfortsätzen sind blinde Strahlen eingefügt. Die Rückenflosse ist hoch und lang, nimmt hinterwärts an Höhe ab und steht den Bauchflossen gerade gegenüber. Die Schwanzflosse ist bei Ph. gracilis zusammengedrückt, bei M. intermedius aber einen vollständigen Fächer bildend, ganz so wie bei Megalurus. Die übrigen Flossen sind klein, die Kiemenstrahlen zahlreich, die Zähne verhältnissmässig stark und spitz. Die Länge bis zum Ende der Schwanzflosse beträgt 2" 7'".

Megalurus parvus, von Solenhofen stammend, unterscheidet sich lediglich durch geringere Grösse und grössere, weiter nach hinten reichende Rückenflosse, was aber wohl bloss Folge ihrer bessern Erhaltung ist. Die ganze Länge ist kaum 2".

2. L. sprattiformis *Wagn.*
Tab. 5 Fig. 1.

Nach 2 Exemplaren von Solenhofen habe ich diese neue Art bestimmt, die sich von der vorigen sowohl durch erheblichere Grösse, als hauptsächlich durch die nicht fächerförmige, sondern seicht ausgeschnittene Schwanzflosse unterscheidet. Durch letzteres Merkmal vermittelt sie den Uebergang von Liodesmus zu Caturus. Die Länge beträgt 3·′, die grösste Breite 7½′′′.

Dritte Ordnung.
Teleostei. Knochenfische.

VII. Familie.
PLATYURI. BREITSCHWAENZE.

Schwanzflosse sehr entwickelt und breit, Flossen mehr oder minder mit Schindeln besetzt, Wirbelkörper vollständig ausgebildet, Unterkiefer ohne aufrechten Fortsatz.

Hieher die 4 Gattungen: Megalurus, Oligopleurus, Macrorhipsis und Aethalion.

XXIV. Megalurus *Ag.*

Zur Vervollständigung unserer Kenntniss von dem Baue dieser Gattung sind uns sehr schöne Beiträge, namentlich aus der herzogl. Leuchtenberg'schen Sammlung, zu Theil geworden.

Der Schädel ist kurz, aber im Hintertheile sehr breit; die Mundränder vorn breit abgerundet. Die Wirbelsäule, aus zahlreichen, starken, knöchernen Wirbeln bestehend und mit ihrem hintern Ende stark nach oben gewendet. Die Rippen und die vordern Dornfortsätze sehr kurz; letztere fangen aber der Afterflosse gegenüber an, sich immer mehr zu verlängern, zumal an der Unterseite, wo sich an selbige unmittelbar die Strahlen der Schwanzflosse ansetzen. An die obern Dornfortsätze des Vorderrückens legen sich noch besondere blinde, hinterwärts gekrümmte Strahlen an; oberhalb des Endes der Wirbelsäule schieben sich zwischen die Schindeln des obern Schwanzlappens und die obern Dornfortsätze noch einige blinde Strahlen ein. Die Brustflossen und die Afterflosse sind grösser als die Bauchflossen, welche sehr schwach sind. Mehr entwickelt als diese sämmtlichen Flossen ist die Rückenflosse, welche eine mittlere Lage hat und ziemlich den Raum ausfüllt, welchen ihr gegenüber die Bauch- und Afterflosse einnimmt; sie wird von kräftigen Stützstrahlen getragen. Die Schwanzflosse ist fächerförmig abgerundet und wird fast ganz vom untern Schwanzlappen gebildet. Das Ende der Wirbelsäule nämlich krümmt sich so stark aufwärts, dass die von der untern Seite derselben ausgehenden Dornfortsätze zugleich die Träger fast sämmtlicher langer Strahlen der Schwanzflosse abgeben und nur die wenigen obersten, schon sich verkürzenden Strahlen auf die Oberseite des Schwanzendes zu liegen kommen. Die Strahlen der Schwanzflossen sind kurz gegliedert und spalten sich im Verlaufe ein bis zweimal.

Zu den 4 Arten, die bisher von dieser Gattung bekannt waren, habe ich noch 3 neue: *M. grandis, altivelis* und *elegantissimus* hinzugefügt.

1. M. lepidotus *Ag.*

Ag. Rech. II a. p. 13, b. p. 146, tab. 51ª. *Wagn.* Münchn. Abb. VI S. 69.

2. M. grandis *Wagn.*

Aus der herzogl. Leuchtenberg'schen Sammlung ist uns eine Doppelplatte, die aus den Steinbrüchen von Eichstädt stammt, zugekommen und zeigt einen prächtigen, in seinem Skelet fast vollständig erhaltenen Fisch auf. Derselbe hat auf den ersten Anblick grosse Aehnlichkeit mit M. lepidotus Ag., es lassen sich aber doch bei näherer Vergleichung erhebliche Differenzen wahrnehmen. Dass unser M. grandis um mehr als 3 Zoll länger ist, als M. lepidotus würde an sich nicht-von Belang sein, da solche Differenzen in der Grösse bei einer und derselben Art häufig getroffen werden; der Unterschied liegt in den relativen Länge-Verhältnissen und der dadurch bedingten Verschiedenheit im ganzen Habitus.

Der M. grandis ist weit länger gestreckt und obwohl ziemlich stark erscheint er doch schmächtiger als der M. lepidotus, der von gedrungenerem Baue ist. Der Schädel von jenem ist nicht viel länger als bei diesem, dagegen ist die Wirbelsäule von ersterem weit länger, als bei letzterem, und gibt dadurch dem Körper die viel gestrecktere Form. Der Rücken von M. lepidotus ist in der Mitte mehr gewölbt, während bei M. grandis derselbe schon vor der Rückenflosse anfängt, sich zu verschmächtigen. Die Dimensionsverhältnisse beider Arten sind folgende:

	M. grandis.	M. lepidotus.
Länge des ganzen Körpers	16" 8'''	13" 6'''
„ des Schädels	3 8	3 5
„ der Wirbelsäule	10 4	8 0
Grösste Breite des Rumpfes	3 7	3 3

Diese Maasse zeigen am deutlichsten, wie bedeutend in Bezug auf die Länge des Schädels die des Rumpfes bei M. grandis über die des M. lepidotus überwiegt. Hiezu kommt noch ein sehr wichtiges Merkmal, dass nämlich bei ersterem Bauch- und Rückenflosse viel weiter vorwärts gestellt sind, als bei letzterem, so dass bei M. grandis der Vorderrücken beträchtlich kürzer ist, als bei M. lepidotus.

Bei M. grandis lassen sich bis zum Hinterhaupte mindestens 60 Wirbel zählen; bei M. lepidotus ist eine solche Zählung nicht durchzuführen, doch können sie, bei ihrer grössern Kürze in gleicher Zahl vorhanden sein. Die Wirbel von M. grandis sind überaus kräftig, in der

Mitte des Rumpfes fast etwas länger als hoch. Die Rückenflosse enthält bei beiden 16 Strahlen; doch ist sie weder nach der Höhe, noch Länge vollständig; die Schwanzflosse 17 bis 18 längere Strahlen, die kurz gegliedert sind und sich zweimal gabelig spalten. Ausserdem sind an der Basis noch kurze einfache Strahlen vorhanden, die zumal auf der Oberseite zahlreich sind. Die Afterflosse wird durch 7 Träger unterstützt; die Brustflossen sind ziemlich lang (gegen 2"). Von der Beschuppung zeigen sich nur in der Nackengegend Spuren, die eine gleiche Form wie bei M. lepidotus kundgeben. Ober dem hintern Ende der Wirbelsäule sind wie bei letzterem zwischen den Schindeln und den obern Dornfortsätzen 5 blinde Strahlen eingefügt, was auch bei den andern Arten dieser Gattung der Fall ist.

3. M. altivelis *Wagn.*

Die Häberlein'sche Sammlung hat uns in einer Doppelplatte ein ausgezeichnetes Exemplar von dieser Art geliefert. Es ist ein blosses Skelet, dem die ganze Beschuppung und selbst die Umrissform des Leibes, sowie fast die ganze Schwanzflosse fehlt; dagegen ist das Knochengerüste in seinen meisten Stücken vortrefflich erhalten. Die Grösse dieses Exemplares ist dieselbe, wie die des M. lepidotus.

Der Schädel liegt mit seiner Oberseite ins Gestein eingesenkt und bietet demnach die ganze Unterseite zur Betrachtung dar. In dieser Ansicht gewinnt er nach hinten eine ausserordentliche Breite, die weit die Länge übertrifft; nach vorn rundet er sich in einem stumpfen Bogen ab. Der ganze Basilartheil des Keilbeins liegt frei vor und an ihn setzt sich vorn die Pflugschaar an, die mit einigen Querreihen von kleinen, stumpfspitzigen Zähnen besetzt ist. Auch die Gaumenbeine tragen feine Zähne, die nach innen zu so klein werden, dass sie endlich nur schwache, spitze Rauhigkeiten darstellen. Die Strahlen der Kiemenhaut, deren man auf der einen Seite noch 9 zählen kann, sind platt, und die

4 letzten nehmen schnell an Breite zu; die hinterste von halb ovaler Form erreicht eine Breite von 6 Linien.

Die Wirbelsäule ist sehr kräftig und liegt bis zu ihrer Gelenkung mit dem Schädel aufgedeckt; man kann an 70 Wirbel zählen, die fast durchgängig höher als lang sind. Gegen das Ende ist die Wirbelsäule stark aufwärts gegen den obern Schwanzlappen gekrümmt und läuft in eine feine Spitze aus. Von der Schwanzflosse selbst ist nur ein kurzes Stück des untern Anfangstheiles übrig; aber dieses in Verbindung mit der Form des Schwanzwirbelendes und der von letzterem ausgehenden Dornfortsätze ist vollkommen ausreichend, um aus der gänzlichen Uebereinstimmung mit den gleichen Stücken des M. grandis und lopidotus auch für unsern M. altivelis auf die gleiche Fächerform des Schwanzes schliessen zu dürfen.

Sehr ausgezeichnet ist die Rückenflosse, die sich sowohl nach der Länge als Höhe weit vollständiger als bei den beiden andern grossen Arten erhalten hat. Sie zählt 22 Strahlen: die 3 ersten sind sehr klein und nehmen nur langsam an Grösse zu, der 4te ist bereits weit höher und der 5te der längste (16½ Linien), von wo an sie nach hinten allmählig an Grösse wieder abnehmen. Schon der vierte Strahl zeigt am obern Ende eine Gliederung, zu welcher vom fünften an auch die gabelige Theilung hinzukommt; ein Schindelbesatz am Flossenrande ist nicht wahrnehmbar. Die Rückenflosse wird von kräftigen Flossenträgern gestützt, von denen man noch 21 zählen kann. Die Afterflosse ist stark beschädigt und jedenfalls von geringer Entwickelung. Die Bauchflossen sind beide im guten Stande und haben, ungerechnet die kürzeren schlanken Beckenknochen, eine Länge von etwas über 1 Zoll. Sie bestehen aus 7 grösseren, kurzgegliederten und am Ende gespaltenen Strahlen, denen ein sehr kurzer achter vorausgeht; der vordere grosse Randstrahl ist fast seiner ganzen Länge nach mit feinen, borstenartigen Stacheln (fulcra) besetzt. Die Brustflossen sind erheblich länger als die Bauchflossen (1″ 6‴) und lassen 15 Strahlen zählen.

```
Länge vom Kieferrande bis zum Ende der Wirbel-
  säule fast  . . . . . . . .  12" 0'''
Länge vom Kieferrande bis zur Rückenflosse  . .  5  6
  „    „       „        bis zur Bauchflosse  . .  5  2
```

Das vorliegende Exemplar kann nur in Vergleich mit M. grandis und lepidotus gebracht werden. Leider ist bei diesen beiden die Rückenflosse so stark beschädigt, dass sie nicht mit den auffallend grossen von M. altivelis verglichen werden kann. Mit M. lepidotus kommt letztgenannte Art in der schmälern Form der Wirbel überein, unterscheidet sich aber merklich von ihr durch die weit vorwärts gestellte Rücken- und Bauchflosse. In letzterer Beziehung verhält sie sich allerdings wie M. grandis, unterscheidet sich aber von diesem nicht bloss durch geringere Grösse, sondern hauptsächlich durch grössere Kürze der Wirbel. Sie nimmt also eine mittlere Stellung zwischen den beiden grossen Arten ein, daher ich sie als besondere Species ansehe, der ich nach der Grösse ihrer Rückenflosse den Namen M. altivelis beilege.

4. M. polyspondylus *Münst.*

Wagn. Münchn. Abh. VI S. 71.

Von dieser schönen Art haben wir noch 2 Doppelplatten von Eichstädt bekommen, beide im besten Stande der Erhaltung und in ähnlicher Lage wie bei dem Münster'schen Exemplare: der Schädel die obere Ansicht darbietend, die Wirbelsäule mit dem ganzen Rumpfe stark nach oben gekrümmt. Das eine Exemplar ist etwas grösser als das Münster'sche, das andere merklich kleiner; jenes hat eine Länge von 8" 2''', dieses von 5", die Wirbelsäule des ersteren ist 5" 2''', die des zweiten 3" 2''' lang. Die Mundöffnung ist breit abgerundet; die Wirbelzahl beträgt 60; die Rückenflosse wird von 21, die Afterflosse von 8 Trägern unterstützt. Die Schwanzflosse zählt 17—18 Strahlen längere, kurzgegliederte, gegen das Ende gespaltene Strahlen; auf der Unterseite nur wenige, auf der Oberseite zahlreiche Schindeln. In der Brustflosse lassen sich 15 bis 16 Strahlen zählen.

5. M. elongatus *Münst.*

Ag. Rech. II. 2 p. 148 tab. 51 fig. 1, 2. — *Wagn.* Münchn. Abh. VI S. 70.

Man kennt von dieser Art nur das einzige beschriebene Exemplar. In seiner langstreckigen Form und Grösse, ohngefähr 4" 8''', zeigt es grosse Aehnlichkeit mit dem kleinen Exemplare von M. polyspondylus, erlangt aber dadurch einen andern Habitus, dass der Kopf nicht, wie bei letzterem, von oben gesehen wird, sondern im scharfen Profil sich darstellt, und dass der Rumpf nicht nach aufwärts gekrümmt, sondern gerade ausgestreckt ist. Die Flossen scheinen gleiche Anzahl von Strahlen zu haben, wenigstens ist diess für die Rückenflosse ermittelt. Ob auch die Wirbelzahl die nämliche ist, lässt sich nicht mit voller Sicherheit angeben, doch scheint sie kaum zu gleicher Ziffer zu gelangen, wie denn auch der Rumpf etwas gedrungener und hinterwärts etwas kräftiger als bei M. polyspondylus erscheint. — Dieser M. elongatus erscheint als eine zweifelhafte Art, die man übrigens mit Münsters M. intermedius und M. parvus nicht, wie ich es früher gethan, vereinigen darf, da beide letztere zur Gattung Liodesmus gehören.

6. M. brevicostatus *Ag.*

Ag. Rech. II. 2 p. 147 tab. 51 fig. 3. — *Wagn.* Münchn. Abh. VI S. 70.

Obwohl nur auf einem einzigen defekten Exemplare von Kelheim beruhend, gibt sich dasselbe doch durch seine kürzere und breitere Leibesform mit weit geringerer Wirbelzahl gleich als eine von M. polyspondylus und elongatus weit verschiedene Art zu erkennen.

Die Länge vom Munde bis zum Ende der Wirbelsäule beträgt 3" 3'''.

7. M. elegantissimus *Wagn.*
Tab. 5 Fig. 2.

Die Häberlein'sche Sammlung hat uns in einer Doppelplatte ein Fischchen überliefert, das so wundervoll schön erhalten ist, dass in dieser Beziehung kein anderes Exemplar von allen andern Fischen unserer Sammlung sich mit ihm vergleichen kann. Die Flossen sind so vollständig vorliegend und zugleich so regelmässig ausgebreitet, als diess nur immer bei einem lebenden, eben im Schwimmen begriffenen Fisch der Fall sein kann. Nur der Schädel hat viel an seiner Knochenmasse verloren, doch hat er seinen ganzen Umriss aufbewahrt.

Durch ihre schlanke, langgestreckte Form unterscheidet sich diese Art gleich auf den ersten Anblick von allen andern der Gattung Mogalurus; auch der Schädel, der im Profil vorliegt, zeigt eine schmächtige Form. Die Wirbelsäule ist ganz erhalten und besteht aus 60 Wirbeln. Die lange Rückenflosse zählt 17 bis 18 Strahlen, die verhältnissmässig grosse und abgerundete Brustflosse 14, die kleine Bauchflosse 6 und die etwas grössere Afterflosse 8 oder 9 Strahlen. Die grosse Schwanzflosse ist breit fächerförmig mit stark convexem äussern Rande; sie besteht aus 17—18 längern gegliederten Strahlen, vor welchen unten einige, oben mehrere einfache Strahlen sich wie bei den andern Arten einfinden; der obere Lappen ist etwas schwächer als der untere [1].

---

[1] *Egerton* (Mem. of the geol. survey, decade IX.) hat aus den englischen Purbeckschichten 2 Arten von Megalurus als *M. Damoni* und *M. Austeni* aufgestellt, die beide von den unsern verschieden zu sein scheinen. — *Thiollière* (Bullet. de la soc. geol. de France. II sér. XV p. 782) ist dagegen der Meinung, dass diese beiden Arten auch bei Cirin vorkommen, nur scheint ihm M. Austeni eher zu seiner neu errichteten Gattung *Attakeopsis* zu gehören. Von dieser sagt er aber Folgendes: „*Attakeopsis*, repräsentirt durch *A. Desori*, nähert sich Megalurus und Oligopleurus, indem ihr Skelet verknöchert und die Schuppen cycloidisch sind; die Form des Schädels bietet jedoch die grösste Aehnlichkeit mit der der Salmoniden." Wahrscheinlich soll dieser Vergleich auf die schmälere, spitzi-

Länge des ganzen Körpers . . . . . . 4″ 3‴
„ des Schädels 0 10
„ der Wirbelsäule 2 5
Breite der Schwanzflosse 0 8½
„ des Rumpfes zwischen dem Anfang der Rücken-
und Bauchflosse 0 7½

XXVI. Oligopleurus Thioll.

Mit dieser Gattung hat uns zuerst *Thiollière* bekannt gemacht, der sie in zwei Exemplaren bei Cirin auffand. Sie war bisher bei uns ganz unbekannt, bis ich im Jahre 1849 ein hieher gehöriges Exemplar von Neukelheim erhielt und als Oligopleurus esocinus benannte. Abgesehen von dem fehlenden Schnauzenende ist das Uebrige in vielen Stücken weit besser erhalten, als das Individuum, welches Thiollière abbilden liess. Bei der grossen Genauigkeit, mit welcher letzterer seine neue Gattung charakterisirte, kann ich mich in dieser Beziehung kurz fassen; ich habe unserem Exemplare den Namen O. cyprinoides beigelegt.

1. O. cyprinoides *Wagn.*
Tab. 6..

Die Gestalt ist karpfenartig mit hochgewölbtem Rücken; die Schwanzflosse ist sehr lang und breit und ziemlich tief ausgeschnitten, ihre Lappen sind weit aus einander gesperrt, biegen sich aber mit den Enden etwas einwärts. Rückenflosse und Afterflosse sind hinten fast gerade abgeschnitten; Brust- und Bauchflossen sind klein. Von der Beschuppung haben sich nur Abdrücke erhalten, die aber deutlich zeigen, dass dieselbe aus dünnen, hinten abgerundeten und dachziegelartig sich deckenden Schuppen bestand.

Vom Schädel fehlt die ganze Vorderhälfte; die hintere zeigt ein

---

gere Form des Schädels hinweisen, wie sie sich ebenfalls bei unserem M. elegantissimus darstellt.

gleiches Verhalten wie bei O. esocinus Th. Ueberaus kräftig ist die Wirbelsäule mit ihren zahlreichen Wirbeln, die durchgängig höher als lang sind. Vom Hinterrande des Schädels angefangen zählt man bis zum hintern Ende 54 Wirbel; vor dem Hinterrande liegen noch 6 bis 7 Wirbel; ihr Ende ist stark aufwärts gegen den obern Schwanzlappen gekrümmt. Die Rippen und die Dornfortsätze sind von mässiger Länge und sitzen an besondern Querfortsätzen der Wirbel an. Zwischen die obern Dornfortsätze des Vorderrückens sind wie gewöhnlich blinde Strahlen eingefügt. Die Rückenflosse wird von 22 und die Afterflosse von 14 langen Flossenträgern unterstützt; beide Flossen sind im weitern Verlaufe gegliedert und mehrspaltig. Die Rückenflosse beginnt hinter der Linie der Bauchflossen und endigt etwas eher als der Hinterrand der Afterflosse. Die Schwanzflosse hat ungemein kräftige, gegliederte und mehrspaltige Strahlen und ist auf der Ober- wie auf der Unterseite mit starken Schindeln besetzt.

	O. cyprinoides	O. esocinus
Länge des ganzen Fisches bis zum obern Schwanzlappen	19" 0'''	16" 8'''
Länge, ganze, der Wirbelsäule . . .	12 4	
„ der Rückenflosse	2 9	
„ der Afterflosse	1 11 .:: ?	
„ des obern Schwanzlappens von der Wurzel des Schwanzstückes an . .	5 1	3 0
Breite, grösste, der Schwanzflosse . .	4 11	3 6
„ „ des Rumpfes . . .	5 0	4 6
Höhe der grössten Rückenwirbel . .	0 4¼	

Unser O. cyprinoides stimmt in den meisten Stücken mit O. esocinus überein, nur ist jener merklich grösser und seine Schwanzflosse unverhältnissmässig länger und breiter als die des letzteren. Sollte die Schwanzflosse des O. esocinus, wie es wenigstens die Abbildung anzeigt, vollständig erhalten vorliegen, so könnte es nicht zweifelhaft sein, dass O. cyprinoides eine besondere Art ausmacht. Sollten dagegen weitere Funde bei Cirin nachweisen, dass bei dem abgebildeten Exemplare von O. esocinus die Schwanzflosse mangelhaft war, was freilich nach der vorliegenden Abbildung nicht zu erwarten sein dürfte, so wäre auf einer specifischen Scheidung nicht zu bestehen.

XXVI. Macrorhipis *Wagn.*

Münster[1] hatte die hieher gehörigen Formen zur Gattung *Pachycormus* gebracht, mit der sie allerdings einige Aehnlichkeit haben, allein sie unterscheiden sich von letzterer schon durch den sehr breiten Stiel, auf dem die Schwanzflosse ansitzt und noch mehr durch die Beschaffenheit der Wirbelsäule, die aus soliden knöchernen Wirbeln zusammengesetzt ist, sowie durch den Schindelbesatz der Schwanzflosse an ihren beiden Seitenrändern. Es ist daher nothwendig, die Arten des lithographischen Schiefers von denen des Lias generisch abzuschneiden; letztere behalten ihre alte Benennung als Pachycormus, für erstere habe ich den neuen Namen *Macrorhipis* ($\mu\alpha\varkappa\varrho\grave{o}\varsigma$, *ausgedehnt*; $\dot{\varrho}\iota\pi\acute{\iota}\varsigma$, *Fächer*) gebildet.

Die Körperform ist bauchig-oval und erreicht ihre grösste Breite in der Mitte des Rückens. Der Kopf ist kurz und hinten bauchig abgerundet, das Schädeldach im Profil gewölbt, die Mondspalte ziemlich gerade und beide Kiefer mit kurzen, feinen, kegelförmigen Zähnen gedrängt besetzt. Unter den Flossen erreicht die Schwanzflosse die grösste Entwicklung, indem sie sowohl selbst von beträchtlicher Breite ist, als auch auf einem sehr breiten Stiele aufsitzt. Sie ist tief ausgeschnitten und ihre Strahlen sind geradlinig und kurz gegliedert und gabelig gespalten. An ihrer Wurzel ist die Schwanzflosse von einigen einfachen Strahlen begleitet, und auf der ganzen Länge ihrer beiden Seitenränder mit feinen, ziemlich weit aus einander stehenden, kurzen Schindeln be-

---

1) Jahrb. f. Min. 1842 S. 43.

setzt. Auch die Rückenflosse ist verhältnissmässig entwickelt und hat ihre Lage in der Mitte des Rückens oder etwas hinter derselben; sie beginnt über der Bauchflosse und da dieser die Afterflosse sehr genähert ist, so reicht die Rückenflosse auch noch mehr oder weniger über jene hin. After- und Brustflossen sind nur mittelmässig, am kleinsten sind die Bauchflossen. Von der Beschuppung sind nur einige Spuren vorhanden, die auf eine ähnliche Form der Schuppen wie bei der Gattung Megalurus schliessen lassen. — Die Wirbelsäule ist kräftig, besteht aus soliden knöchernen Wirbeln und zieht sich weit gegen den obern Schwanzlappen hinauf. Die Dornfortsätze und Rippen sind ziemlich stark, aber nicht sonderlich lang; zwischen den obern Dornfortsätzen des Vorderrückens sind blinde Strahlen eingefügt, die hintern Fortsätze stehen sparrig von der Wirbelsäule ab.

In der Münster'schen Sammlung sind von dieser Gattung 5 Exemplare aufbewahrt, die sämmtlich von der Ostgrenze des Verbreitungsbezirkes des lithographischen Schiefers, nämlich von Kelheim und Pointen herstammen; auch die hiesige geognostische Sammlung besitzt ein schönes Exemplar von gleichem Fundorte. Münster hatte aus ihnen 4 Arten gebildet, welche ich auf 2 zurückzuführen mich für berechtigt ansehe. Da Münster nur wenige Worte über dieselben sagte, so ist eine genauere Auseinandersetzung unerlässlich.

1. **M. Münsteri** *Wagn.*
Tab. 7.

Hieher zähle ich die 3 Münster'schen Arten: Pachycormus elongatus, latus und gibbosus, nebst seinem Aethalion subovatus.

Der *Pachycormus elongatus Münst.* beruht auf einem Skelete von Pointen, dem zwar die After- und Bauchflossen nebst den Rippen und vordern Dornfortsätzen, sowie die ganze Beschuppung abgeht, von dem aber alles Uebrige des Gerippes im besten Zustande erhalten und ganz von der Beschaffenheit wie bei der folgenden Nominalspecies ist. Die

Länge bis zum Ende der Wirbelsäule ist fast 7"; die Schwanzflosse an der Wurzel 1", am Ende 2" breit.

Der *Pachycormus latus Münst.* von Kelheim ist ein sehr gut conservirtes Exemplar, das nicht bloss das Skelet, sondern auch den ganzen Körperumriss nebst allen Flossen aufbewahrt hat. Die ziemlich grosse Rückenflosse steht gegenüber dem Raume zwischen der Bauch- und Afterflosse und wird von 19 bis 20 Flossenträgern unterstützt; von letzteren sind für die Afterflosse 10 vorhanden. In der Wirbelsäule lassen sich wie beim vorigen Exemplare 52 Wirbel zählen. Die Länge von der Oberkieferspitze bis zum Ende der Wirbelsäule beträgt 6" 1"', bis zur Mitte der Schwanzflosse fast 7". Die Schwanzflosse ist am Schwanzstiel 1", am Ende 1" 10"' breit. Die grösste Breite des Rumpfes macht 2" aus.

Vom *Pachycormus gibbosus Münst.* sind 2 Bruchstücke von Kelheim vorhanden: das eine ohne Werth, das andere aber, obwohl ihm die hintere Hälfte fehlt, für die Vorderhälfte des Körpers sehr gut erhalten. Was Münster Veranlassung gab, aus diesem Stücke eine von seinem P. latus verschiedene Art zu errichten, ist der Umstand, dass an ihm der Vorderrücken gleich hinter dem Schädel buckelartig aufgetrieben ist. Es ist diess nur Folge eines starken Druckes bei einem Thiere, das vor der Versteinerung bereits sehr erweicht sein mochte, wie es auch öfters bei andern fossilen Fischen vorkommt, so z. B. bei Caturus furcatus, von dem der C. nuchalis auch nur eine solche übermässig breit gedrückte Verunstaltung ist. In allen übrigen Stücken kommt dieser P. gibbosus vollständig mit P. latus überein, nur dass er etwas grösser ist.

Auch Münster's *Aethalion suboratus* (Jahrb. 1842 S. 42) von Kelheim möchte ich mit M. Münsteri als jüngeres Exemplar verbinden. Von Aethalion entfernt es sich schon dadurch, dass die Rückenflosse über dem Anfange der Bauchflosse beginnt. Von der hohen Rückenflosse sind zwar die ersten langen Strahlen am Ende rückwärts gekrümmt, während sie bei Macrorhipis gerade aufsteigen; es kann jedoch jene Krümmung durch Druck erfolgt sein. Die Länge beträgt bis zur Mitte der Schwanzflosse etwas über 5".

2. M. striatissima *Münst.*

Pachycormus striatissimus Münst.

Von dieser Art liegt nur ein einziges Exemplar von Kelheim vor, dem zwar die Schwanzflosse fehlt, das aber im Uebrigen in sehr gutem Stande befindlich ist. Es ist ein kleines Fischchen von breit bauchig-ovaler, untersetzter Gestalt mit ziemlich dickem Kopfe, und unterscheidet sich von M. Münsteri nicht bloss durch seine viel geringere Grösse, sondern gleichfalls durch seine weit mehr zurückgesetzte Rückenflosse, die mehr der After- als den Bauchflossen gegenüber steht. Die Rückenflosse zählt 18, die Afterflosse 11 Flossenträger. Die Schuppen sind sehr klein und in regelmässige Linien gereiht. Die Länge vom Oberkiefer bis zum Ende der Wirbelsäule beträgt 2" 9''', die grösste Breite des Rumpfes 11". — Diese Art hat viele Aehnlichkeit mit dem einzigen Exemplare, das wir von Megalurus brevicostatus Ag. besitzen, und das mit ihr gleichen Fundort und gleichen Defekt der Schwanzflosse theilt. Allein sowie bei den letztgenannten die Bildung der letzten untern Dornfortsätze auf die Gattung Megalurus hinweist, so bei unserem vorliegenden Exemplare auf die Gattung Macrorhipis. Ueberdiess sind bei diesem die obern Dornfortsätze mit ihren angefügten blinden Strahlen des Vorderrückens länger, dagegen die untern Dornfortsätze weit kürzer als bei Megalurus brevicostatus und nicht gerade wie bei letzterem, sondern merklich gekrümmt. Dazu kommt noch, dass die Rückenflosse bei Macrorhipis striatissima weiter zurückgestellt ist, als bei der andern Art.

XXVII. Aethalion *Münst.*

Münster[1] hatte anfänglich die hieher gehörigen Arten bei Caturus eingereiht. Nachdem er sich jedoch überzeugte, dass sie keine grossen, kegelförmigen, sondern kleine, feine Zähne haben, dass ferner die Rückenflosse nicht der Bauchflosse, sondern dem Raume zwischen After- und Bauchflosse gegenüber steht und dass die Dornfortsätze der Schwanzwirbel sich nicht an die Wirbel anlehnen, sondern davon abstehen, so sonderte er diese Formen von Caturus ab und errichtete aus ihnen die neue Gattung Aethalion[2]. Er verkannte jedoch ihre richtige Stellung, im Systeme, so dass dadurch Agassiz auf die Meinung gebracht wurde, dass man sie bei Pholidophorus einreihen könne; eine Meinung, die sich schon dadurch evident widerlegt, dass Pholidophorus zu den Rautenschuppern, Aethalion dagegen zu den Scheibenschuppern gehört.

Heckel[3] hatte in Berücksichtigung der mit Thrissops und Leptolepis gleichförmigen Bildung des Endes der Wirbelsäule Aethalion zwischen diese beiden Gattungen eingereiht und ich bin ihm früherhin in dieser Anordnung gefolgt. Eine nähere Prüfung hat mir jedoch gezeigt, dass dieselbe ganz verfehlt und Aethalion nicht einmal gleicher Gruppe angehörig ist. Letztere Gattung hat nämlich eine ganz andere Mundbildung als sie bei den Kahlflossern sich findet: weder ist wie bei diesen der Zwischenkiefer ein hinterwärts frei herabhängender Knochen, noch hat der Unterkiefer einen aufwärts steigenden Fortsatz. Die Bildung der Mundtheile und überhaupt der ganze Habitus bringt Aethalion in nächste Verbindung mit Macrorhipis, von der sich erstere Gattung dadurch unterscheidet, dass die schmale Rückenflosse weiter zurückgesetzt ist und gerade dem Zwischenraume zwischen der Bauch- und Af-

---

1) Jahrb. f. Min. 1839 S. 679.
2) Ebenda. 1842 S. 41.
3) Wien. Sitzungsberichte.

terflosso gegenüber steht, dass der Schwanzstiel schmächtiger, der Leib gestreckter und der Kopf noch breiter und insbesondere der Unterkiefer noch massiver ist. — Von oben gesehen bilden die beiden Oberkinnladen weit aus einander gerückte Bögen, die vorn schnell convergiren und in eine stumpfe, zapfenförmige Spitze auslaufen; der hinterwärts sehr hohe Unterkiefer spitzt sich rasch nach vorn zu. Beide Kiefer sind mit sehr feinen Zähnchen besetzt. Die Wirbelsäule ist aus kräftigen, knöchernen Wirbeln aufgebaut. Der Schindelbesatz ist, wie schon Heckel bemerklich machte, an der Basis der Schwanzflosse nur durch etliche Fulcra angedeutet.

Münster hatte von Aethalion 6 Arten, fast sämmtlich von Kelheim unterschieden, die in eben so viel Exemplaren in seiner Sammlung aufbewahrt sind; seitdem sind uns noch einige Stücke von Kelheim, Eichstädt und Solenhofen zugegangen. Nach meinen Vergleichungen kann ich von den 6 Münster'schen Arten nur 2 als begründet anerkennen, wobei ich bemerken muss, dass ich Aethalion subovatus Münst. mit Macrorhipis Münsteri verbunden habe. Als dritte Art gehört hieher Leptolepis crassa Ag.

1. Aeth. Blainvillei Wagn.

Clupea Knorrii Blainv. Uebers. S. 68. — *Knorr* Samml. I tab. 30 fig. 2. — *Aeth. angustissimus Münst.* Beitr. V S. 60 tab. 5 fig. 3. — *Aeth. inflatus.* Münst. Jahrb. 1842 S. 42; Jahrg. 1839 S. 679.

Eine vollkommen getreue Abbildung dieser Art hat zuerst *Knorr* mitgetheilt und *Blainville* auf dieselbe seine Clupea Knorrii begründet. Irrthümlicher Weise nahm aber *Agassiz* diesen Namen zur Bezeichnung seiner Leptolepis Knorrii, obwohl gegen eine solche Uebertragung die Knorr'sche Figur entschieden Widerspruch einlegt und Blainville seine Clupea Knorrii von seiner Clupea dubia (identisch mit Leptolepis Knorrii Ag.) ausdrücklich dadurch unterscheidet, dass bei ersterer die Rückenflosse nicht wie bei letzterer den Bauchflossen, sondern den Raum zwischen ihnen und der Afterflosse gegenüber steht. Eigentlich sollte nun vorliegende Art den Namen Aethalion Knorrii führen; zur Vermeidung von Verwechselung mit Leptolepis Knorrii Ag. habe ich es jedoch vorgezogen, ihr den Namen Aeth. Blainvillei beizulegen. Zu dieser Art gehören aber auch die beiden Münster'schen Aeth. inflatus und angustissimus, die nur zufällige Entstellungen der regulären Leibesform sind, wie solches die Knorr'sche Abbildung und ein vollkommen erhaltenes Exemplar, das ich schon vor mehreren Jahren von Eichstädt erhielt, answeist.

An diesem ist der ganze Leibesumriss nebst dem Skelete im besten Stande conservirt. Die Form ist langstreckig, erweitert sich etwas hinter dem Kopfe und verschmälert sich dann allmählig bis zur Schwanzflosse. Die Rückenflosse ist weit hinter die Mitte des Rückens gerückt und steht gegenüber dem Raume zwischen Bauch- und Afterflosse. Die Kiefer sind parabolisch gekrümmt mit scharfer Zuspitzung und zeigen einige feine Zähne. Man zählt wie bei Aeth. angustissimus und inflatus 50 bis 52 Wirbel, die fast etwas länger als hoch sind. Derselbe Typus liegt nun aber auch diesen beiden Münster'schen, von Kelheim stammenden Arten zu Grunde, nur dass bei *Aeth. angustissimus* 'sowohl die Begrenzung des Rückens, als die des Bauches defekt ist und dadurch der Rumpf eine unnatürliche Schmächtigkeit erlangt hat, während umgekehrt der *Aeth. inflatus* in der Vorderhälfte des Rumpfes durch Quetschung unförmlich aufgetrieben worden ist. Von diesen zufälligen Deformitäten abgesehen, stimmen die 3 angeführten Exemplare in allen wesentlichen Merkmalen mit einander überein.

	Eichstädter Exemplar	Aeth. angustiss.	Aeth. inflatus
Von der Oberkieferspitze bis zur Mitte der Schwanzflosse	6″ 6‴	6″ 3‴	7″ 1‴
Von der Oberkieferspitze bis zur Rückenflosse .	3 8	3 7	4 0
Grösste Rumpfbreite	1 6	1 1	2 0

2. Aeth. tenuis Münst.

Aethalion angustus. Münster Jahrb. 1842 S. 42; Jahrb. 1839 S. 679. — *Aeth. tenuis.* Münst. ebenda 1842 S. 42. — *Aeth. parvus. Münst.* ebenda S. 43.

Ich vereinige hier 3 Münster'sche Arten, von denen jede nur in einem einzigen Exemplare vertreten ist. Münster hat zwar einige Notizen über sie mitgetheilt, ohne jedoch spezifische Differenzen hervorzuheben, wie ich denn auch solche nach Ansicht der Original-Exemplare, wie nach mehreren anderen, die mir aus Eichstädt, Kelheim und Solenhofen zukamen, nicht zu ermitteln vermag. Als eigentlichen Typus betrachte ich das Exemplar, das Münster als Aeth. tenuis etikettirte, mit dem Aeth. angustus gleicher Grösse ist. Im Ganzen hat diese Species gleiche Form, gleich weite Zurückstellung der Rückenflosse und gleiche Wirbelzahl mit Aeth. Blainvillei gemein, nur ist sie weit kleiner, indem die grössten Individuen kaum 5″ Länge erreichen und etwas schmächtiger erscheinen. In der That kann die Frage aufgeworfen werden, ob unter diesen Aeth. tenuis etwa nicht bloss jüngere Exemplare von Aeth. Blainvillei inbegriffen sind. — Ohne Bedenken sehe ich in Münster's *Aeth. parvus* von nur 2″ 6‴ Länge nichts weiter als einen jungen Aeth. tenuis, indem mir die Mittelglieder zwischen beiden vorliegen[1].

3. Aeth. crassus Ag.

Leptolepis crassus. Ag. II. b. p. 131 tab. 61 a fig. 5.

Agassiz kannte von dieser Art nur das einzige, in der Sammlung

---

[1] Aus dem lithographischen Schiefer von Cirin im südlichen Frankreich habe ich ein Exemplar erhalten, das dem Aeth. tenuis sehr nahe kommt, doch scheinen mir die Kiefer etwas länger und die Rückenflosse etwas mehr vorgerückt zu sein. Seine Länge bis zur Mitte der Schwanzflosse beträgt 4 Zoll. Ich habe es in der Sammlung mit dem provisorischen Namen *Aeth. affinis* bezeichnet.

von Erlangen aufbewahrte Exemplar und zweifelte wegen der hinterwärts gerückten Anheftung der Rückenflosse schon selbst an dessen Zugehörigkeit zu Leptolepis; ein Grund, der allerdings in Verbindung mit der ganz den Typus von Aethalion tragenden Schädelbildung entscheidend für die Zuweisung an letztere Gattung spricht. Diese Art lässt sich von Aeth. tenuis leicht durch ihren weit dickeren untersetzteren Körperbau und insbesondere auch durch ihren grösseren, plumperen Kopf unterscheiden. Das von Agassiz abgebildete Exemplar misst von der Oberkieferspitze bis zum Ende der Wirbelsäule 4" 9'''. — Mit diesem Exemplare glaube ich ein anderes verbinden zu dürfen, das in der Münster'schen Sammlung als Doppelplatte vorliegt und von Eichstädt stammt. Agassiz hatte es als Leptolepis contractus etikettirt, was Münster, der mit dieser Deutung nicht einverstanden war, in Leptolepis Agassisii umwandelte. Es hat die gleiche Länge mit dem vorigen Exemplare und eine Körperbreite von 1" 3'''. Die Rückenflosse ist nicht in dem Maasse, wie es bei Aeth. Blainvillei und tenuis der Fall ist, zurückgerückt, reicht aber gleichwohl weit zurück hinter die Bauchflossen.

VIII. Familie.
PSYLOPTERYGII. KAHLFLOSSER.

Oberkiefer frei beweglich und vorwärts wendbar; Unterkiefer im Vordertheil mit einem aufrechten Fortsatz; Zähne klein und spitz oder ganz fehlend, Wirbelsäule knöchern, Flossen ohne Schindeln. Eine sehr ausgezeichnete, wenn auch nur aus 2 Gattungen (Thrissops und Leptolepis) bestehende und auf die Juraformation (Lias und weisser Jura) beschränkte Familie, die sich von den andern besonders durch ihre Mundbildung auszeichnet. Wie bei den Karpfen nämlich trägt jeder Ast des Unterkiefers einen aufrechten Fortsatz (processus coronoideus), nur dass dieser nicht von der hintern, sondern von der vordern Hälfte der

Unterkinnlade (in der Entfernung von ohngefähr ½ ihrer Länge hinter der Kinn-Symphyse) abgeht. An den sehr kurzen Zwischenkiefer setzen sich die beiden Oberkieferäste an, die ziemlich lang, etwas gekrümmt und hinten frei geendigt sind[1]. Die sehr kleinen spitzen Zähne stehen in einfacher Reihe oder fehlen ganz. Die Mundöffnung ist klein, kann aber dadurch sehr erweitert werden, dass die Aeste des Oberkiefers beim Aufsperren des Rachens vorwärts sich bewegen, so dass sie mit ihren Enden bis zur Kinn-Symphyse in fast senkrechter Richtung vorrücken.

Das Ende der knöchernen Wirbelsäule ist, wie diess zuerst *Heckel*[2] zeigte, ganz von der Beschaffenheit, wie es sich bei den lebenden Fischen von den Familien der Hechte, Salmonen, Clupeiden, Cypriniden und Cobitis findet. Das Endtheil der Wirbelsäule bleibt nämlich ohne Wirbelbildung und verbirgt sich unter einem dachförmigen Gerüste von eigenthümlichen Knochen, und der letzte Wirbel ist bioncav. Wegen solcher Uebereinstimmung hat Heckel alle diese Fische, lebende wie fossile, zu einer Gruppe vereinigt, die er als *Stegsuri, Dachschwänze*, bezeichnete und bei den echten Knochenfischen (Teleostei) einreihte. Demnach würden also die ausgestorbenen beiden Gattungen der Kahlflosser, nebst Aethalion, bei welchem Heckel eine gleiche Bildung des Endes der Wirbelsäule nachwies, den Ganoiden entzogen, um unter den eigentlichen Teleostiern ihren Platz einzunehmen. Gegen eine solche Vereinigung wäre allerdings bezüglich des Skeletbaues nichts einzuwenden, wohl aber in Hinsicht auf die Schuppenstruktur. Die echten Teleo-

---

1) *Egerton* (Mem. of the geol. survey, decade VI) ist der Meinung, dass am obern Mundrand der Zwischenkiefer die Hauptsache ausmache; ich bin jedoch mit *Heckel* der Meinung, dass diess das Oberkieferbein ist, was auch mehr mit der sonstigen Aehnlichkeit dieser Fische mit den Häringen übereinstimmt.

2) Wiener Sitzungsberichte, Juni- und Oktober-Heft 1850; ferner in den Wiener Denkschriften Bd. I und XI.

stier haben keine Schmelzlage auf ihren Schuppen, während Agassiz eine solche für die vorhin genannten erloschenen Gattungen behauptet. Nun haben zwar bereits mehrere Paläontologen, gleich Heckel, den fossilen Kahlflossern den Schmelzbeleg der Schuppen abgesprochen; dagegen muss ich mit Egerton bekennen, dass ich an gut erhaltenen Schuppen von Thrissops und Leptolepis einen solchen Beleg wirklich vorfinde. Ich belasse daher die Kahlflosser bei den Ganoiden als eine eigenthümliche Familie, die den Uebergang zu den Teleostiern bildet und zwar zunächst zu den Clupeiden, mit welch letzteren sie Heckel unmittelbar verbindet.

Eine weitere Eigenthümlichkeit der Kahlflosser besteht in dem gänzlichen Mangel eines Schindelbesatzes an den Flossenrändern, wesshalb ich Ihnen den Namen der Psilopterygii beigelegt habe. — Die Schuppen gehen wegen ihrer Dünne sehr leicht verloren. Blinde Knochenstrahlen zwischen den obern Dornfortsätzen des Vorderrückens und ausserdem noch feine Muskelgräthen zu beiden Seiten der Wirbelsäule sind bei allen gut erhaltenen Exemplaren wahrzunehmen.

XXVIII. Thrissops *Ag.*

Rückenflosse weit zurückgesetzt, der sehr langen Afterflosse gegenüber, die innern Strahlen der Schwanzflosse hinter der Basis schief und treppenartig gegliedert; die Mundspalte stark aufwärts gerichtet, die Kiefer mit feinen Zähnen besetzt.

Agassiz führte aus den lithographischen Schiefern 5 Arten auf als Thrissops formosus, cephalus, salmoneus, subovatus und mesogaster. Am zahlreichsten kommen diese Fische bei Eichstädt und Kelheim vor. Sehr selten sind sie bei Nusplingen, dagegen stellen sie sich häufiger bei Cirin ein, indem Thiollière dort das Vorkommen von Thr. formosus, salmoneus, mesogaster und cephalus vermuthet und ausserdem noch 2 neue Arten als Thr. Heckeli und Ragleyi aufstellt. — Agassiz hat von den durch ihn aufgeführten Arten nur die beiden ersten abgebildet und ausführlich beschrieben[1]. Ich habe diese Arten von Thrissops in folgender Weise angeordnet.

†) Leibesform verhältnissmässig breit, Schwanzflosse sehr lang und tief ausgeschnitten.

1. Thr. formosus *Ag.*

Ag. II. b. p. 124 tab. 65 a. — *Quenst.* Petrefaktenk. S. 219 tab. 17 fig. 19.

Die grösste Art; Leib verhältnissmässig breit, hinter der Rückensäule sich schnell verdünnend. Wird 1½ Fuss lang und 3½'' breit, doch gibt es auch noch etwas grössere. Von Kelheim und Eichstädt.

2. Thr. subovatus *Münst.*

Ag. II. b. p. 128.

Auf ein einziges Exemplar in der Münster'schen Sammlung begründet, das von Kelheim herstammt und das mit Ausnahme der beschädigten Schnauzenspitze vortrefflich erhalten ist. Agassiz sagt von dieser Art nichts weiter als dass sie dem Thr. salmoneus verwandt, aber untersetzter ist, und dass auch ihre Flossen entwickelter sind. Beides wohlbegründete Merkmale, wie sie nicht sowohl dem Thr. salmoneus als vielmehr dem Thr. formosus zukommen, mit welch letzterem diese Art ebenfalls in allen andern Merkmalen übereinstimmt, nur dass sie beträchtlich kleiner ist, so dass ich kein Bedenken trage, sie für ein jüngeres Exemplar von Thr. salmoneus zu erklären. Die Länge bis zur Mitte der Schwanzflosse beträgt 6'' 4''', die grösste Breite 1'' 7'''.

---

1) *Heckel* hatte späterhin seinen *Chirocentrites microdon* (aus Tertiärschichten der Insel Lesina in Dalmatien) ebenfalls zu Thrissops gestellt, was ich für verfehlt erachte, da jene Art weder blinde Flossenstrahlen, noch den Kronfortsatz des Unterkiefers besitzt, dagegen am Vordeckel Zacken trägt, die bei Thrissops nicht vorkommen; überdiess sind ihre Schuppen entschieden ohne Schmelzbelega.

3. Thr. propterus *Wagn.*

Eine sehr ausgezeichnete Art, da sie die einzige ist, bei welcher der Anfang der Rückenflosse nicht hinter, sondern selbst noch etwas vor den Anfang der Afterflosse vorgerückt ist. Der Körper ist oval bauchig, kürzer und breiter als bei Thr. formosus; der Kopf ist ziemlich gross; die Schwanzflosse sehr lang und tief ausgeschnitten. Sehr charakteristisch ist ferner die ungewöhnliche Grösse des aufwärts gerichteten Fortsatzes, der unweit der Symphyse dem horizontalen Aste des Unterkiefers aufsitzt. Derselbe gleicht einem flachen, mit der Spitze vorwärts gekrümmten stumpfen Kegel, der auf der Vorderhälfte tief ausgehöhlt ist. Dieser Fortsatz ist fast 4''' hoch und an der Basis beinahe eben so breit. Die Schwanzflosse wird an der Basis der beiden Ränder von einigen einfachen Strahlen begleitet. — Die Länge von der Zwischenkieferspitze bis zur Mitte der Schwanzflosse ist etwas über 8'', bis zur Rückenflosse 4'' 7'''; die grösste Rumpfbreite 2'' 4'''. — Zur Vorlage dienten drei schöne Exemplare von Eichstädt; ausserdem gehört hieher noch die Hinterhälfte eines von gleichem Fundort stammenden Individuums, das Münster in seiner Sammlung als Th. latus etikettirte.

††) Leibesform lang und schmächtig, Schwanzflosse kürzer und seichter ausgeschnitten.

4. Thr. salmoneus *Ag.*

Ag. II. b. p. 128, 293.

Agassiz bezeichnete diese Art bloss mit wenigen Worten, indem er von ihr sagt, dass sie viel kleiner und schlanker als Thr. formosus ist, Rippen und Fortsätze sehr dünn, die Schwanzflosse weit, aber nicht sonderlich tief gespalten. Mit Ausnahme der veränderlichen Grösse reichen diese Merkmale zur Unterscheidung von den 3 vorhergehenden Arten vollkommen aus, doch habe ich im Besitz eines ungleich reicheren

Materials als Agassiz vor sich hatte, noch einige Bemerkungen beizubringen, und zwar zunächst in Bezug auf die mit verschiedenen Namen bezeichnete Varietäten.

Var. 1. Thr. angustus Münst. Ein grosses, aber stark beschädigtes Exemplar von Kelheim hat Münster mit obigem Namen bezeichnet, ohne übrigens von ihm eine öffentliche Erwähnung zu thun. Zahlreiche und darunter sehr vollständige Exemplare hat uns die herz. Leuchtenberg'sche Sammlung von Eichstädt zugeführt, darunter die grössten eine Länge von $12\frac{1}{2}'''$ und in der Mitte des Rückens eine Breite von etwas über 2'' erreichen. Der Körper ist sehr langstreckig, erreicht in der Mitte seine grösste Breite und verschmälert sich von da nach beiden Enden, schneller und beträchtlicher nach dem hintern als nach dem vordern. Die Rückenflosse beginnt hinter dem Anfange der Afterflosse. — Unter dem Namen Thr. Heckeli hat Thiollière eine ähnliche Form von Cirin abgebildet, die aber fast 22'' Länge erreicht und jedenfalls eine besondere Art repräsentirt.

Var. 2. Thr. salmoneus Ag. Mit diesem Namen belegte Agassiz einige Exemplare, die eine Länge von $8\frac{1}{2}$ Zoll erreichen, während die meisten mehr oder minder unter dieser Grösse bleiben. Als Fundorte führt er Kelheim und Eichstädt an, wo allerdings diese Formen sehr zahlreich vorkommen, während sie bei Solenhofen und Daiting äusserst selten sind. Es sind zierliche schlanke Formen, die schon Knorr kannte.

Var. 3. Thr. mesogaster Ag. Von dieser Art macht Agassiz bemerklich, dass sie dem Thr. salmoneus sehr nahe steht, dass sie aber etwas gestreckter und die Bauchflossen entfernter von der Afterflosse sind; wie er hinzusetzt, könnte sie gleichwohl bloss eine schlanke Varietät von Thr. salmoneus sein. Späterhin gibt er noch als Unterschied an, dass bei letzterer Art „les ventrales sont plus reculées que le milieu de l'abdomen", während sie bei Thr. mesogaster in der Mitte des Bauches stehen. — An dem von Agassiz selbst als Thr. mesogaster otikottirten Exemplare kann ich übrigens diese Differenzen nicht bestätigen, denn an selbigem liegen die Bauchflossen genau an demselben Punkte wie an einem gleich grossen von Thr. salmoneus und der Rumpf ist in seiner Vorderhälfte eher etwas breiter als bei letzterem. Bei der grossen Anzahl von Exemplaren, die ich jetzt aus der Eichstädter Sammlung zur Vergleichung benützen kann, sehe ich mich ausser Stande, standhafte Untersohiede zwischen Thr. salmoneus und mesogaster zu ermitteln und trete daher der Meinung von Agassiz bei, dass beide zu einer Art zu verbinden sind, wobei ich der schlankeren Varietät den Namen Thr. salmoneus und der breiteren den als Thr. mesogaster unterordnen möchte. Der Thr. angustus Münst. ist ohnediess nichts weiter als der Thr. salmoneus in seinen grössten Individuen.

4. a. Thr. Cephalus *Ag.*

Ag. II. b. p. 125 und 293 tab. 61 fig. 1—3.

Agassiz hat unter diesem Namen 3 sehr kleine Exemplare abbilden lassen und wir besitzen sogar ein noch kleineres, das nur 11 Linien lang ist und das gleichwohl alle Merkmale der Gattung Thrissops deutlich erkennen lässt. Mit der herz. Leuchtenberg'schen Sammlung sind uns aber noch weit mehr Exemplare zugekommen, in denen zugleich alle Abstufungen der Grösse, welche unmittelbar zum Thr. salmoneus hinführen, gegeben sind, so dass ich nicht zweifle, dass der Thr. cephalus keine besondere Art, sondern nur die ersten Lebensstadien des Thr. salmoneus darstellt.

XXIX. Leptolepis *Ag.*

Als Unterscheidungsmerkmale von Thrissops sind hervorzuheben, dass die Rückenflosse mittelständig ist, indem sie der Bauchflosse gerade gegenüber steht, dass die Afterflosse klein und der Unterkiefer nur schwach in die Höhe gebogen ist. Die innern Strahlen der Schwanzflosse zeigen bloss eine schwache Andeutung von knieförmiger Gliederung. Die Beschuppung verhält sich wie bei Thrissops, und an gut erhaltenen Exemplaren, die freilich sehr selten sind, scheint mir ein wirklicher Beleg der Schuppen mit Schmelz nicht zu läugnen zu sein. Weitaus die Mehrzahl aller Exemplare lässt keine Spur von Zähnen wahrnehmen, so dass man diese Gattung für völlig zahnlos halten sollte, wenn nicht an einigen Individuen kleine, spitze Zähne wahrgenommen werden könnten. Der aufsteigende Fortsatz (Kronenfortsatz), der vom obern Rande des Unterkiefers, ohngefähr $\frac{1}{3}$ der Länge hinter der Symphyse), ausgeht, ist höher als bei Thrissops, aber häufig abgebrochen [1].

Unter allen fossilen Fischen des lithographischen Schiefers machen die zu Leptolepis gehörigen die Mehrzahl aus; nach ihrer grossen Anzahl wie nach ihrem unscheinlichen Habitus können sie als die Plebejer unter ihnen bezeichnet werden. In solcher Häufigkeit kommen sie jedoch nur in Franken vor; viel spärlicher sind sie bei Nusplingen und bei Cirin im südlichen Frankreich, von wo Thiollière bloss die L. sprattiformis und eine grössere unbestimmbare Form aufführt. Blainville hatte diese Fische zur Gattung Clupea gerechnet, und wenn er auch in dieser Vereinigung zu weit gegangen ist, so hat doch neuerdings Heckel sie ebenfalls zur gleichen Familie mit den Häringen gestellt. Indem ich indess mit Agassiz und Egerton einen wirklichen Schmelzbeleg an den Schuppen anerkenne, kann ich schon dieses Umstandes wegen die Gattung Leptolepis nicht mit Clupea verbinden, von der sie übrigens auch

---

[1] Die Form der Kiefer ist zuerst genauer von *Egerton* in den Mem. of the geolog. survey, decade VI (1832) tab. 8 beschrieben worden. — Bisweilen werden die beiden Unterkieferäste, getrennt vom Schädel, aber mit wohl erhaltenem aufrechten Fortsatze, allein getroffen. Solche Kiefer wollte *Quenstedt* (Petrefaktenk. S. 332 tab. 25 fig. 6) anfänglich für Sepien-Schnäbel halten; später (Jura S. 802 tab. 99 fig. 21) berichtigte er jedoch selbst diesen Irrthum und erklärte sie für Unterkiefer von Leptolepis.

noch wesentlich durch den Mangel der letzterer zuständigen Sternalrippen verschieden ist [1].

Agassiz hat im Ganzen 10 Arten von Leptolepis aufgezählt, von denen er indess nur 5, nämlich L. sprattiformis, Voithii, macrolepidotus, polyspondilus und crassus, durch Abbildungen und ausführlichere Beschreibungen erörterte, wobei jedoch zu erwähnen, dass L. crassus von mir zu Aethalion verwiesen wurde. Von 3 andern Arten, L. Knorrii, dubius und contractus, hat Agassiz nur eine kurze Charakteristik mitgetheilt; die beiden andern hat er bloss mit ihrem Namen L. pusillus und latus aufgeführt. Alle diese Arten hat Agassiz in hiesiger Sammlung mit eigenhändig beschriebenen Etiketten bezeichnet; nur für den L. latus habe ich keine solche gefunden, daher ich ihn hier auch in keine weitere Berücksichtigung bringen kann. Die Unterscheidung dieser Arten ist sehr schwierig und nicht immer mit Sicherheit durchzuführen. Sowohl Agassiz als Münster haben auf die Wirbelzahl grosses Gewicht gelegt und allerdings gibt selbige zur Unterscheidung lebender Fische einen guten Anhaltspunkt; allein bei fossilen Exemplaren lässt sich die

---

[1] *Giebel* hat in seiner Fauna der Vorwelt (Fische S. 145) von Leptolepis eine zweite Gattung als *Tharsis* mit 6 neuen Arten unterscheiden wollen, von welchen er bemerklich macht, dass ihre zahlreichen Exemplare die Sammlungen in Halle zieren. Es muss dabei schon gleich von vorn herein sehr befremdlich erscheinen, dass Agassiz, der doch in der hiesigen und in der Münster'schen Sammlung einige Hunderte Exemplare von diesen fossilen Fischchen durchmusterte, auch nicht eine einzige von den 6 neuen Giebel'schen Arten hätte ausfindig machen sollen. Dasselbe gilt für Münster, der mit besonderer Vorliebe die Gattung Leptolepis behandelte und mit Vermehrung der Arten gerade nicht sehr bedenklich war. Auch mir, der ich jetzt wohl an tausend Individuen von diesen Fischchen vor mir liegen habe, ist es nicht gelungen, andere Arten als die von Agassiz und Münster aufgestellten unter ihnen zu ermitteln. Die Gattung Tharsis ist daher nichts weiter als ein doppelter Name für Leptolepis und ihre Arten unter die der letzteren einzutheilen.

Zahl der Wirbel nur bei wenigen mit hinreichender Sicherheit ermitteln. Die meisten Arten erreichen nur eine geringe Grösse.

1. L. Knorrii Ag.

Agassiz charakterisirt diese Art als sehr langstreckig, Kopf nur ⅟₅ des Körpers ausmachend, Rumpf in der Mitte breiter als der Kopf, Wirbel mindestens so lang als hoch, Dornfortsätze der letzten Schwanzwirbel sehr geneigt. — Als Synonym verweist er auf *Clupea Knorrii Blainv.*, allein diess ist ein Irrthum, da sowohl die Beschreibung von Blainville als dessen Citat von Knorr's Tab. 30 fig. 2 (Sammlung von Merkw. Bd. I) entschieden von anderer Art und Gattung, nämlich *Aethalion Blainvillei W.* kund gibt. Meine Beschreibung ist entworfen nach den Exemplaren, welche Agassiz selbst in der hiesigen, wie in der Münster'schen Sammlung als L. Knorrii etikettirte; zugleich sehe ich mich für berechtigt an, hiemit *L. dubius* als eine unwesentliche Modifikation zu vereinigen.

Var. a) L. Knorrii Ag. Die grösste unter allen Arten, indem sie eine Länge (von der Schnauzenspitze bis zur Mitte der Schwanzflosse) von 7 bis 8" erreichen kann, wovon der Schädel etwas mehr als ein Fünftel ausmacht. Man kann 48 bis 50 Wirbel zählen, die fast etwas länger als hoch sind; die hintern Dornfortsätze sind stark rückwärts gerichtet, aber gerade. Die Rückenflosse steht der Bauchflosse direkt gegenüber und man kann an ihr ohngefähr 14 Flossenträger zählen.

Var. b) L. dubius Ag. (Clupea dubia Blainv.). Agassiz erklärt selbst diese angebliche Art für sehr nahe verwandt mit L. Knorrii und unterscheidet sie von letzterer nur durch eine kleinere Rückenflosse; ein Unterschied, der nur als Folge zufälliger Beschädigung dieser Flosse anzusehen ist. Auch in der Grösse und Form kommt L. dubius ganz mit L. Knorrii überein, so dass kein Grund zur Trennung vorliegt.

Germar's *Ichthyolithus esociformis* und wahrscheinlich auch dessen *Ichth. luciiformis* gehören gleichfalls zu dieser Art. Sein *Esox avi-*

rostris beruht auf einem Schädel von Loptolcpis, dem die beiden Seitentheile abgerissen sind und nur der Mitteltheil übrig geblieben ist, wodurch eine Art Vogelschnabel entsteht. — L. Knorrii wird ausserordentlich zahlreich an fast allen Punkten des fränkischen lithographischen Schiefers gefunden, insbesondere bei Solenhofen und Eichstädt.

2. L. sprattiformis *Ag.*
Clupea sprattiformis Blainv.

Nach Agassiz durch folgende Merkmale bezeichnet: nur 3 bis höchtens 4″ lang, wovon der Kopf ohngefähr $\frac{1}{4}$ beträgt; letzterer fast so hoch als der Wirbel; Wirbel kurz und dick, an Zahl 42 (Münster zählte an einem Exemplare 46); Dornfortsätze sehr wenig rückwärts gewendet und gerade. — Vorstehende Charakteristik ist vollständig ausreichend zur Feststellung dieser Art, welche noch häufiger als L. Knorrii vorkommt.

3. L. Voithii *Ag.*
Ag. l. c. p. 131 tab. 61 a fig. 2—4.

Von L. sprattiformis unterscheidet Agassiz diese Art durch einen viel weniger langstreckigen Leib, insbesondere durch längere und daher minder zahlreiche Wirbel, deren er nur 34 zählt, und durch grössere Schuppen. — Durch diese Merkmale ist allerdings L. Voithii in gut erhaltenen Exemplaren ausreichend unterscheidbar von L. sprattiformis; dagegen halte ich es für zulässig, dass man mit ersterer noch 2 andere Arten, L. contractus Ag. und L. paucispondylus Münst., in Verbindung bringt.

Var. *a)* L. Voithii *Ag.* (tab. 61 a fig. 2 und 4). — Die 3 Exemplare, welche Agassiz abbildete, sind aus einer zahlreichen Reihe, die Münster von Kelheim erhielt, ausgesucht. Figur 2 und 3 betrachte ich als die Typen dieser Art, zu welchen auch die Mehrzahl der Exemplare gehört, die eine mittlere Länge von etwas über 3″ erreichen und an denen sich 34 bis 38 Wirbel zählen lassen. Als Maximum der Grösse dürfte jedenfalls Fig. 4, die 4" 2''' lang ist, zu betrachten sein. Wenn aber Münster in seiner Sammlung zu L. Voithii auch noch ein Exemplar von fast 6$\frac{1}{2}$" Länge stellt, das überdiess eine grössere Wirbelzahl hat, so ist er damit bereits in den Bereich des L. Knorrii gerathen.

Var. 2) L. contractus Ag. — Diese Art erklärt Agassiz selbst für so nahe verwandt mit L. Voithii, dass sie vielleicht nur eine Varietät desselben sein dürfte. Er unterscheidet sie von den andern Arten durch geringere Wirbelzahl, daher der Körper kürzer und untersetzter; die Dornfortsätze gekrümmt, aber wenig geneigt, die Afterflosse den Bauchflossen mehr genähert, der Kopf ziemlich gross. Das Original-Exemplar von Agassiz ist gegen 3" lang und stammt von Solenhofen, woher wir noch andere ähnliche besitzen. — Ich finde keinen irgend standhaften Unterschied zwischen L. contractus und L. Voithii.

Var. 3) L. paucispondylus Ag. (Rech. tab. 61 a fig. 3). — Agassiz führt diese Art nur dem Namen nach an, ohne weitere Erläuterung. Das Original-Exemplar von fig. 3 trägt noch als eigenhändige Etikette von Agassiz den Namen L. Voithii, dagegen hat Münster eine zweite als L. paucispondylus Münst. beigefügt. Sowohl dieses als mehrere andere Exemplare rühren von Kelheim her. Sollte ich zwischen diesem L. paucispondylus und dem L. Voithii und contractus Differenzen bezeichnen, so wüsste ich keine andere als die geringere Grösse des ersteren bei scheinbar etwas grösserer Breite einiger, keineswegs aller Individuen; die Wirbelzahl ist die gleiche, ohngefähr 36. Bei solcher Sachlage können wir den L. paucispondylus zu L. Voithii verweisen.

4. L. macrolepidotus *Ag.*

Ag. II p. 132 tab. 61 fig. 4—6.

Nun folgen noch 2 von Agassiz aufgestellte Arten, die kleinsten unter allen, gegen welche sogar L. sprattiformus und L. Voithii als kolossale Formen gelten können. L. macrolepidotus ist nur 1" 4$\frac{1}{2}$''' lang, der Kopf dicker als der Rumpf, die Wirbel gestreckt, die Schuppen unverhältnissmässig gross. Von Solenhofen.

5. L. polyspondylus *Ag.*

Ag. II p. 133 tab. 61 fig. 7, 8.

Von 3 Exemplaren, die Agassiz als L. polyspondylus etikettirte, sind 2 etwas grösser und das dritte etwas kleiner als L. macrolepidotus. Als Unterschied von letzterer Art gibt er an, dass die Afterflosse der Bauchflosse ausserordentlich genähert ist, wovon bei L. macrolepidotus gerade das Gegentheil statt hat, und dass die Wirbel, deren er 40 zählt, viel robuster und höher als lang sind.

Noch erwähnt *Münster* (Jahrb. f. Min. 1839 S. 679) eine *Leptolepis pusilla*, die in 2 schlechten Exemplaren in seiner Sammlung aufgestellt und zu der einen oder der andern dieser beiden kleinsten Arten gehörig, ist.

Zur Unterscheidung von L. macrolepidotus und L. polyspondylus habe ich folgendes bemerklich zu machen, wie ich es nach Vergleichung zahlreicher Exemplare gefunden habe. Ueber die Zahl der Wirbel und die Grösse der Schuppen lässt sich nichts Sicheres ermitteln, doch scheint wenigstens so viel gewiss, dass erstere Art mehr Wirbel besitzt, als die zweite. Die angebliche Differenz in der Entfernung der Afterflosse von der Bauchflosse ist nicht begründet; an gut erhaltenen Exemplaren ist sie bei beiden Species gleich. Dagegen ist der Habitus der beiden Arten sehr verschieden. Bei L. polyspondylus nämlich ist der Körper bei gleicher Länge mit dem von L. macrolepidotus doch weit robuster und dicker. Unmittelbar hinter dem sehr dicken Kopfe schnürt sich bei ersterer Art der Leib etwas ein, erweitert sich dann aber gleichmässig bis zur Rücken- und Bauchflosse und verschmälert sich dann von da an ziemlich schnell gegen die Schwanzflosse. Bei L. macrolepidotus dagegen ist der Kopf bei weitem nicht so dick, wie bei voriger Art, und überdiess geht er fast ohne Absatz in den

Rumpf über, der von seinem Anfange an bis zur Schwanzflosse sich fortwährend und gleichmässig verschmälert. Die L. macrolepidotus hat demnach eine viel schlankere und gestrecktere Form als L. polyspondylus und scheint mir auch mehr Wirbel zu besitzen, als letztere. Man sieht, dass diess Unterschiede sind, wie sie zwischen L. sprattiformis und L. Voithii bestehen, und diess, in Verbindung mit den vielen Mittelgrössen, die mir vorliegen, bestimmt mich, in der L. macrolepidotus nur den jugendlichen Zustand der L. sprattiformis und in der L. polyspondylus den der L. Voithii zu sehen. Bezüglich letztgenannter Art kann ich zur Bestätigung anführen, dass unter den zahlreichen Exemplaren, die Münster in seiner Sammlung als L. Voithii etikettirte, alle kleinen Individuen den Typus von L. polyspondylus an sich tragen.

Noch bemerke ich, dass unter den vielen kleinen Individuen von Leptolepis, die ich von Cirin erhalten habe, die meisten entschieden zu L. polyspondylus gehören. Das einzige grössere, aber nicht hinlänglich deutliche Exemplar, das sich darunter findet, hat mehr Aehnlichkeit mit L. Voithii als mit L. sprattiformis.

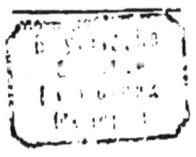

Erste Ordnung.
PLACOIDEI AG. KNORPELFISCHE.

I. Holocephali. Chimaerea.

		Zahl der Arten	
	nach Agassiz.	nach mir.	von mir neu aufgestellte
1. Chimaera *LINN.*		1	1
II. Squali. Haie.			
2. Palaeoscyllium *W.* . . .		1	1
3. Sphenodus		1	1

	Zahl der Arten		
	nach Agassiz	nach mir	von mir neu aufgestellte
4. Notidanus CUV.		3	2
5. Acrodus		1	1
6. Squatina DUM. (Thaumas M.)		3	
III. Rajae. Rochen.			8
7. Asterodermus	1	1	
8. Spathobatis Th.		1	1
9. ? Euryarthra	1	1	
Ichthyodorulites.			
10. Asteracanthus		1	

Zweite Ordnung.
GANOIDEI AG. HOHLWIRBLER.

A. G. rhombiferi. Rautenschupper.

IV. Pycnodontes. Reissfische.

11. Gyrodus	11	6	
12. Mesturus W.		1	1
13. Microdon	5	2	1
14. Mesodon W.		4	3

V. Stylodontes. Griffelzähner.

15. Heterostrophus W.		1	1

VI. Sphaerodontes. Knopfzähner.

16. Lepidotus nebst Sphaerodus	3	7	3
17. Plesiodus W.		1	1
18. Scrobodus M.	1	1	

	Zahl der Arten		
	nach Agassiz.	nach mir.	von mir neu aufgestellte
VII. Sauroidei. Sauroiden.			
†) Rückenflosse fast von Rückenlänge.			
19. Propterus mit Notagogus	4	4	2
20. Macrosemius	1	3	1
21. Histionotus EG.		1	1
††) Rückenflosse höchstens von halber Rückenlänge.			
22. Ophiopsis	2	7	5
23. Pholidophorus	16	10	4
24. Pleurophilus EG.		2	1
25. Eugnathus	1	3	2
26. Strobilodus W.		1	1
27. Sauropsis	1	1	
28. Hypsocormus W.		1	1
†††) Rücken- und Afterflosse kurz, gegenständig.			
29. Aspidorhynchus	5	3	1
30. Belonostomus	7	4	
B. G. disciferi. Scheibenschupper.			
VIII. Coelacanthi. Hohlstachler.			
31. Undina M.	2	1	
IX. Caturini. Salmschupper.			
32. Caturus	9	11	2
33. Eurycormus W.		1	1
34. Liodesmus W.		2	1
35. ? Coccolepis	1		

Dritte Ordnung.
TELEOSTEI. KNOCHENFISCHE.

X. Platyuri. Breitschwänze.

	Zahl der Arten		
	nach Agassiz	nach mir	von mir neu aufgestellte
36. Megalurus	4	7	3
37. Oligopleurus *Th.*		1	1
38. Macrorhipis *W.*		2	
39. Aethalion *M.*		3	
XI. Psilopterygii. Glattflosser.			
40. Thrissops	5	4	1
41. Leptolepis	11	6	
Summa sämmtlicher Arten	93	113	41

Agassiz hat aus dem fränkischen lithographischen Schiefer 93 Arten aufgezählt, die sich durch meine Untersuchungen bis zu 115 gesteigert haben. Da ich unter letzteren 44 neue Species zufügte, so müsste sich, wenn ich alle Arten des Ersteren beibehalten hätte, die Summe derselben eigentlich auf 137 belaufen. Da ich jedoch 22 der älteren Species, meist von Agassiz, einige auch von Münster aufgestellt, mit andern vereinigt habe, so hat sich mir die Summe sämmtlicher Arten nur zu 115 ergeben. — Agassiz hatte seine 93 Arten an 24 Gattungen vertheilt; bei mir hat sich die Anzahl der letzteren auf 41 gesteigert. Von den 24 Gattungen des Letzteren habe ich 3 eingezogen, nämlich *Aellopos*, dessen beide Arten ich an Notidanus und Squatina vertheilte, ferner *Sphaerodus* als zu Lepidotus, und *Notagogus* als zu

Propterus gehörig. Seinen *Nothosomus* laevissimus habe ich an Pleuropholis EG. verwiesen und seine Gattung *Corcolepis*, die ich nicht wieder auffinden konnte, wird wahrscheinlich mit der von mir als Lindesmus bezeichneten identisch sein. Auch die Gattung *Euryarthra Ag.* wird sich nicht halten lassen, sondern in der von Spathobatis aufgehen.